あなたの星人をここからチェックしよう！

このQRコードをスマホのカメラで
読み込んで、誘導された画面に
生年月日を入力すると、
占いたい人の星人がわかります。

星人割り出し電話

☎050-3160-4255

こちらに電話をして、アナウンスの通りに生年月日を入力してください。
占いたい人の星人がわかります。（プッシュホンのみ可能です）

公式LINEアカウントはこちら！

コードを読み取ると

録」できます。

kaori

細木数子事務所

〒162-0825
東京都新宿区神楽坂3-2
神楽坂Kビル2階
☎050-5357-1993

公式ホームページ
https://www.officehosoki.com/

携帯サイトでも
「六星占術」に出会えます！
http://bit.ly/3YvV1Z8

六星占術による霊合星人の運命

KAORI HOSOKI
細木かおり

講談社

はじめに

皆様、いかがお過ごしでしょうか。母・細木数子《ほそきかずこ》が作った『六星占術』も43年目を迎え、今年も無事に『六星占術によるあなたの運命』を出版することができました。

木星人（＋）の私は、3年間続いた〝大殺界〟がようやく終わりを告げ、2024年は気持ちも新たに再スタートを切るのに相応しいタイミングです。この3年間は本当にいろいろなことがありました。

まず、〝大殺界〟の1年目に母・細木数子が亡くなり、そして〝大殺界〟2年目には我が子のように可愛がってきた愛犬が亡くなる、という悲しい経験をし、改めて〝大殺界〟の辛さを知ったように思います。

こう書くと余計に「〝大殺界〟は恐ろしい」と思う方もいらっしゃると思いますが、他方で〝大殺界〟は人生にとってとても重要な意味があります。

〝大殺界〟は自身を省みて改善点を見つけ、修正し、次に来る好運気に向けて準備をする期間です。つまり、しっかりと休息を取り、心身を労《いたわ》り、無駄なものをそぎ落とし、人生のデトックスをするべき時期なのです。

〝大殺界〟の3年間を長いと感じる方も多いのですが、

・なりたい自分を実現するために「自分を変える」

・やりたいことを叶えるために「準備をする」

と考えれば、3年間ではむしろ足りないぐらいかもしれません。

そして、〝大殺界〟でどんなに辛いことがあろうとも、立ち止まってはいけません。辛い経験から大切なことを学び、前向きな心を育てることが何よりも重要なのです。

私の場合は、すでに母から『六星占術』を継承していましたが、心のどこかでは母を頼りにしていました。その母が亡くなり、悲しい時間を過ごしましたが、その経験をしたことで自分を鼓舞することができました。そして、母が作ったこの『六星占術』をより多くの人に広める強い決意を改めて持つことができたと思っています。

母は生前、社会問題を気にかけ、惜しみなく寄付をする人でした。そんな母の志を汲んで、一昨年からこの書籍の売り上げの一部を、親子をとりまく社会課題の解決に取り組んでいる認定NPO法人フローレンスへ寄付させていただいておりますが、今年も継続して寄付させていただこうと思っています。

2024年も皆様がこの『六星占術』をうまく活用しご自身の運気の流れを掴み、より良い人生を築いていかれることを、心から願っています。

細木かおり

はじめに……2

第1章

霊合星人の秘密

「霊合星人」とは何か?……8
霊合星人の4つの特徴……12
1.性格・気質が複雑……12　2.複雑な運命……14　3.運命に弄《もてあそ》ばれやすい霊合星人……18　4.霊合星人が〝半年運〟と呼ばれる理由……23
霊合星人はどう生きるのがいいのか?……25
幸せな人生を歩むための開運五ヵ条……29

第2章

霊合星人の「私」を知る方法

霊合星人の基本性格　①土星人……34　②金星人……36　③火星人……38
④天王星人……40　⑤木星人……42　⑥水星人……44
霊合星人の各界著名人……46

第3章

2024（令和6）年版 霊合星人の運命

霊合星の土星人（＋）

2024（令和6）年 全体運…50 恋愛・結婚運…51 家庭・人間関係運、金運…53 仕事・勉強運、健康運…54

霊合星の土星人（−）

2024（令和6）年 全体運…55 恋愛・結婚運…56 家庭・人間関係運、金運…58 仕事・勉強運、健康運…59

霊合星の金星人（＋）

2024（令和6）年 全体運…60 恋愛・結婚運…61 家庭・人間関係運、金運…63 仕事・勉強運、健康運…64

霊合星の金星人（−）

2024（令和6）年 全体運…65 恋愛・結婚運…66 家庭・人間関係運、金運…68 仕事・勉強運、健康運…69

霊合星の火星人（＋）

2024（令和6）年 全体運…70 恋愛・結婚運…71 家庭・人間関係運、金運…73 仕事・勉強運、健康運…74

霊合星の火星人（−）

2024（令和6）年 全体運…75 恋愛・結婚運…76 家庭・人間関係運、金運…78 仕事・勉強運、健康運…79

霊合星の天王星人（＋）

2024（令和6）年 全体運…80 恋愛・結婚運…81 家庭・人間関係運、金運…83 仕事・勉強運、健康運…84

霊合星の天王星人（－）

2024（令和6）年 全体運…85 恋愛・結婚運…86 家庭・人間関係運、金運…88 仕事・勉強運、健康運…89

霊合星の木星人（＋）

2024（令和6）年 全体運…90 恋愛・結婚運…91 家庭・人間関係運、金運…93 仕事・勉強運、健康運…94

霊合星の木星人（－）

2024（令和6）年 全体運…95 恋愛・結婚運…96 家庭・人間関係運、金運…98 仕事・勉強運、健康運…99

霊合星の水星人（＋）

2024（令和6）年 全体運…100 恋愛・結婚運…101 家庭・人間関係運、金運…103 仕事・勉強運、健康運…104

霊合星の水星人（－）

2024（令和6）年 全体運…105 恋愛・結婚運…106 家庭・人間関係運、金運…108 仕事・勉強運、健康運…109

霊合星人の運命カレンダー

〈2023年10月〜2024年12月の日運一覧〉

土星人…110 金星人…113 火星人…116 天王星人…119 木星人…122 水星人…125

第1章

霊合星人の秘密

「霊合星人」とは何か？

六星の中でも、とても複雑な人生を歩む「霊合星《れいごうせい》」という特殊な性質の持ち主がいます。霊合星とは、この地上で冬に花を咲かせる植物があるように、運命の季節感が普通とまったく異なる、特殊な星のことで、**占命盤《せんめいばん》で【停止《ていし》】の位置に自分の生まれ年の干《え》支《と》がある人のことを「霊合星人《れいごうせいじん》」と言います。**

「六星占術」では、私達の誰もが土星、金星、火星、天王星、木星、水星の6つの運命星のどれかに属しています。「特殊な星」といっても、「六星」以外に別の運命星があるわけではありません。

「特殊な星」とは、**同じ運命星であっても、通常とは異なる運命のリズムを刻んでいることを意味します。それを「霊合星」と呼ぶのです。**

6つの星人にはそれぞれ占命盤があります。どの星人も、生まれ年の干支によって陽（＋）か陰（－）のどちらかに分かれるので、正確には全部で12パターンの占命盤があることになります。

さて、占命盤に記されている十二支は、年・月を意味するとともに、その年・その月の運気を示しています。そこで、あなたの占命盤をもう一度見てください。

注意していただきたいのは、あなたの占命盤で、生まれ年の干支のところに、【種子《しゅし》】から【減退《げんたい》】まである12の運気のうちどれが記されているかということです。

単純計算では12人にひとりの割合で、生まれ年の干支のところに【停止】とある人がいるはずで、その人こそが霊合星の持ち主＝「霊合星人」なのです。

そこで、星人ごとに、霊合星の持ち主＝「霊合星人」になるのはどの干支で生まれた人かを示しておきましょう。

土星人（＋）＝戌《いぬ》年生まれ
金星人（＋）＝申《さる》年生まれ
火星人（＋）＝午《うま》年生まれ
天王星人（＋）＝辰《たつ》年生まれ
木星人（＋）＝寅《とら》年生まれ
水星人（＋）＝子《ね》年生まれ

土星人（－）＝亥《い》年生まれ
金星人（－）＝酉《とり》年生まれ
火星人（－）＝未《ひつじ》年生まれ
天王星人（－）＝巳《み》年生まれ
木星人（－）＝卯《う》年生まれ
水星人（－）＝丑《うし》年生まれ

例えば、あなたが土星人（+）だとしましょう。

土星人（+）の中でも、「戌《いぬ》」年生まれの人は霊合星の持ち主＝「霊合星人」となります。また、同じ土星人でも陰（−）の場合は、「亥《い》」年生まれの人が「霊合星人」です。

わかりやすく言うと、運命星は同じ土星であっても、正確には4つの土星人がいることになります。生まれ年の干支と合わせて一覧にしてみましょう（カッコ内は生まれ年の干支）。

土星人（+）（子《ね》・寅《とら》・辰《たつ》・午《うま》・申《さる》）
土星人（+）で霊合星の持ち主（戌《いぬ》）
土星人（−）（丑《うし》・卯《う》・巳《み》・未《ひつじ》・酉《とり》）
土星人（−）で霊合星の持ち主（亥《い》）

では、この4種類の土星人は何が違うのでしょうか。陽（+）と陰（−）は通常の星人で、これは土星人の特徴をそのまま持っています。

ところが、霊合星の持ち主はそれとまったく異なります。なぜなら、占命盤上で「土星」の向かい側に位置している「天王星」の影響を強く受けるからです。

同じように、**金星は向かい側の木星、火星は向かい側の水星、天王星は向かい側の土星、木星は向かい側の金星、そして水星は向かい側の火星の影響を受けることになります。**

それぞれの運命星・星人の簡単な特徴は、『六星占術によるあなたの運命』の48〜50ページに示しました。霊合星人の6つの組み合わせすべてに共通しているのは、基本的に向かい合う運命星の影響を受ける星人だということです。

「特殊な星」「とても複雑な人生を歩む」と書いたのは、そのことを意味しています。通常の土星人（+）が、向かい合う天王星人（+）の影響を受けるのですから、普通に考えても、いったいどうなるのだろうか、と首をかしげたくなります。

そこで、次のページから通常の星人とはまったく異なる霊合星人の実像について、詳しくお話ししていきましょう。

霊合星人の4つの特徴

1 性格・気質が複雑

占命盤上で向かい合う運命星の影響を受けるので、向かい合う性格・気質が入り交じるというのがいちばん大きな特徴です。「変わった人」「捉えどころのない人」と見られることが多いのはそのためです。

霊合星人は占命盤で、自分が生まれた年の干支《えと》に【停止】とある人のことを言うと述べましたが、それはどのようなことを意味するのかをお伝えしましょう。

一言で言うと、星人としてのエネルギーが限りなくゼロに近い状態＝中心となる核の部分を欠いていると思ってください。中心（核）がぽっかり空いているために、ほかの星人が入り込んできやすいのです。なので、土星人でありながら100％土星人ではなく、金星人でありながら100％金星人ではない……と理解してください。

ただ、「ほかの星人」といっても、無秩序に入り込んでくるわけではありません。占命盤上で向かい合っている（対向する）星人に限られます。とても大切なことなので、改めて見てみましょう。

霊合星人は向かい合う星の影響を受ける

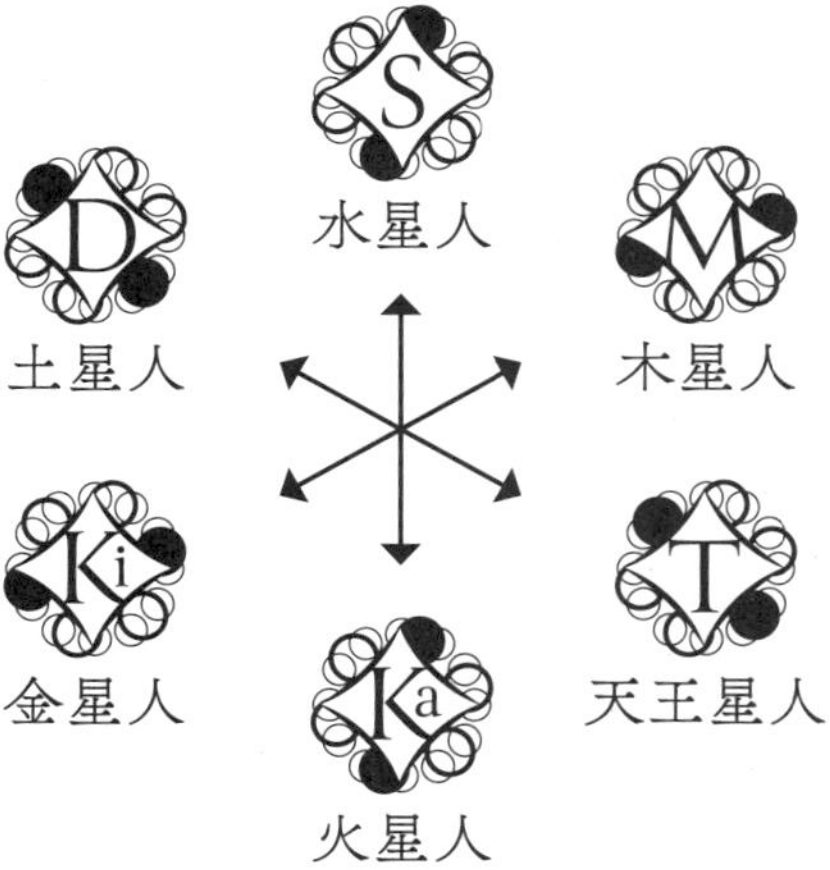

・霊合星の土星人は、
↓天王星人の性格・要素を併せ持つ

・霊合星の金星人は、
↓木星人の性格・要素を併せ持つ

・霊合星の火星人は、
↓水星人の性格・要素を併せ持つ

・霊合星の天王星人は、
↓土星人の性格・要素を併せ持つ

・霊合星の木星人は、
↓金星人の性格・要素を併せ持つ

・霊合星の水星人は、
↓火星人の性格・要素を併せ持つ

2つの異なる星人が共存するとなれば、好運気、幸運な色やパワースポットなど、生きていくうえでプラスとなる要素が増えていい、と思いたくなりますが、残念ながらそうはいきません。「霊合星人」の場合、通常の星人が持っている特徴も、向かい合う星人の性質に打ち消されてしまいがちで、いま一つハッキリしないのです。〝相殺〟されてしまうと考えるとわかりやすいのかもしれません。

２つの星人のほぼ相反する性格・気質をひとりの人が併せ持つ――と言われても、ちょっと想像がつきにくいかもしれません。２つの星人のうち、どちらが顔を出しやすいかは人それぞれです。その人の土台の星人（メイン）と、真逆な性格・気質を持つ裏側の星人（サブ）が入り交じっていると考えるとわかりやすいでしょう。

2 複雑な運命

霊合星人の第2の特徴は、占命盤上で向かい側にある運気も、併せて見る必要があることです。もともとの星人の運気を「メイン」、向かい合う星人の運気を「サブ」と言いますが、霊

	メイン		サブ	メイン		サブ
①	【種子】	＋	【再会】	【再会】	＋	【種子】
②	【緑生】	＋	【財成】	【財成】	＋	【緑生】
③	【立花】	＋	【安定】	【安定】	＋	【立花】
④	【健弱】	＋	【陰影】	【陰影】	＋	【健弱】
⑤	【達成】	＋	【停止】	【停止】	＋	【達成】
⑥	【乱気】	＋	【減退】	【減退】	＋	【乱気】

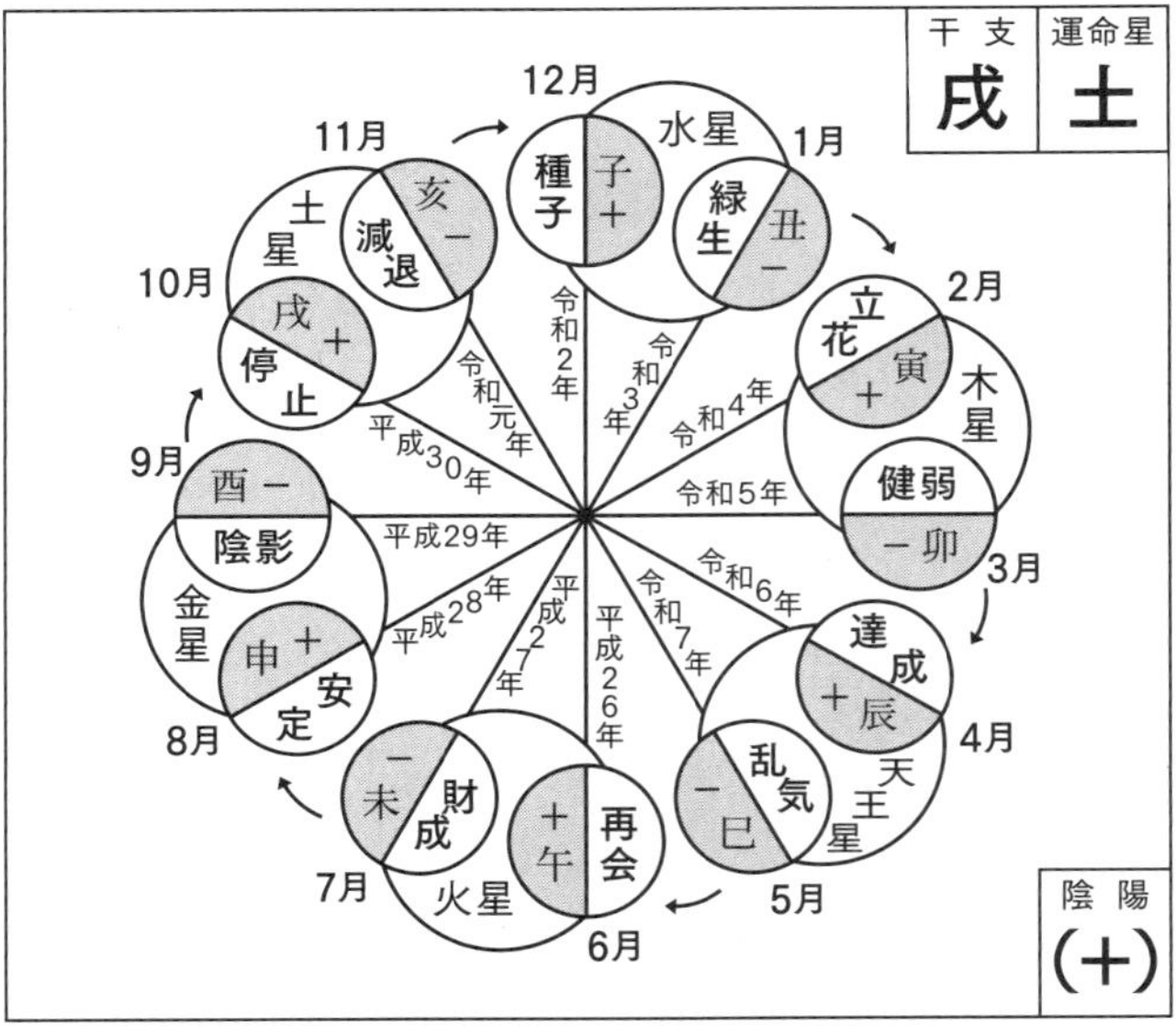

合星の持ち主には、毎年（月・日）、その両方が共存しているのです。その組み合わせは、右ページのようになります。

となると、ある年（月・日）の運気を読もうとする場合、メインとサブ両方の運気をもとに判断しなくてはなりません。

例として戌年生まれの土星人（＋）の占命盤を示していますが、どの星人の霊合星の持ち主についても、運気の組み合わせ自体は変わりません。ただ、どちらがメインでどちらがサブかという違いだけです。

組み合わせは、①②③のような好運気同士、④と⑥のような悪い運気同士、さらに、⑤のように好運気と悪い運気とが向かい合っている場合の、3つに分けられます。

●タイプA

	メイン		サブ	メイン		サブ
①	【種子】	＋	【再会】	【再会】	＋	【種子】
②	【緑生】	＋	【財成】	【財成】	＋	【緑生】
③	【立花】	＋	【安定】	【安定】	＋	【立花】

タイプAの①②③の組み合わせは、良い運気が重なっているので、通常よりもさらにエネルギーが高まり、信じられないほどの好運気になるのです。好運気のパワーがダブルで発揮され、何をやってもうまくいき、通常の六星人に比べて良い結果に導かれることも多いでしょう。

●タイプB

メイン	サブ		メイン	サブ
④【健弱】	＋【陰影】		【陰影】	＋【健弱】
⑥【乱気】	＋【減退】		【減退】	＋【乱気】

しかし、運気が並はずれて良いときもあれば、その逆もあるのが霊合星人の運命の特徴です。

タイプAとは逆のパターンが、タイプBの④と⑥です。
④は〝小殺界〟と〝大殺界〟
⑥は〝中殺界〟と〝大殺界〟
の組み合わせなので、どちらのパターンも通常の星人の〝小殺界〟〝大殺界〟より、エネルギーがさらにダウンします。良いことがダブルになって現れるのと同様、〝殺界〟の負のパワーもダブルで受けてしまうことになります。

●タイプC

メイン	サブ		メイン	サブ
⑤【達成】	＋【停止】		【停止】	＋【達成】

そして、なんと言っても特徴的なのは⑤の組み合わせです。メイン＝【達成《たっせい》】＋サブ＝【停止】の場合と、その逆、メイン＝【停止】＋サブ＝【達成】という、2つのパターンがあります。どちらも、同じ年（月・日）に正反対の、12年でいちばん良い運気と、12年でいちばんパワーがダウンする運気が重なっているのです。まさに一年を通じてジェットコースターのような運気と言っても過言ではありません。これは霊合星人にしか見られない、とても複雑な運気と言えます。

3 運命に弄《もてあそ》ばれやすい霊合星人

もう少しわかりやすくするために、12の運気のパワーを次のような数字で表してみることにしましょう。ここでは良い運気（☺）も悪い運気（😫）も、最高レベルを「10」に設定してあります。

【種子】＝☺が4コ
【緑生】＝☺が2コ
【立花】＝☺が4コ

【再会】＝☺が6コ
【財成】＝☺が4コ
【安定】＝☺が6コ

【健弱】＝😫が4コ　【陰影】＝😫が8コ
【達成】＝😊が10コ　【停止】＝😫が10コ
【乱気】＝😫が6コ　【減退】＝😫が8コ

この数値をもとに、先にお話しした6つの組み合わせ（メインとサブが逆の場合は省略）ごとに足し算してみると、

①【種子】＋【再会】＝（😊が4コ）＋（😊が6コ）＝😊が10コ
②【緑生】＋【財成】＝（😊が2コ）＋（😊が4コ）＝😊が6コ
③【立花】＋【安定】＝（😊が4コ）＋（😊が6コ）＝😊が10コ
④【健弱】＋【陰影】＝（😫が4コ）＋（😫が8コ）＝😫が12コ
⑤【達成】＋【停止】＝（😊が10コ）＋（😫が10コ）＝😊と😫が±0コ
⑥【乱気】＋【減退】＝（😫が6コ）＋（😫が8コ）＝😫が14コ

となります。通常の星人に比べて、変動の幅が大きいことがハッキリわかると思います。

通常の星人で「😊が10」となるのは【達成】のときだけですが、霊合星人は良い運気

が重なり合うと「☺が10」になり、しかもそれが2回もあります。逆に、〝殺界〟が重なり合うとマイナスが増え、不調の度合いも「😫が12」と「😫が14」ですから、通常の六星人の〝大殺界〟のときに比べ、ダメージも大きくなるでしょう。しかも、好運気と同じように2回あります。当然、そのときは通常の星人より一段と念入りに準備をし、慎重に過ごす必要があります。

しかも、そうした極端な運気が続くのですから、消耗しないはずはありません。

例えば、今年の運気が⑥の【乱気《らんき》】＋【減退】という〝中殺界〟と〝大殺界〟の組み合わせ（数値にすると「😫が14」）だったとしましょう。ところが、その翌年は①の【種子】＋【再会《さいかい》】という組み合わせになります（数値にすると「☺が10」）。そうなると状況は一気に好転します。数字で見るとハッキリわかりますが、「😫が14」から「☺が10」ですから、まるでジェットコースターのようです。

同じようなことは⑤の【達成】＋【停止】から⑥の【乱気】＋【減退】のときにも起こります。「☺が10＋😫が10＝±0」から「😫が14」ですから、これまた大きな揺れ幅です。浮き沈みが激しいぶん、霊合星人はある意味、疲れやすいところがあります。

通常の星人には見られないということで言えば、「☺が10、😫が10」の年（月・日）があるのも霊合星人独特のものです。

数字だけ見ると、平坦な一年（あるいは一ヵ月・一日）を意味しているようにも思えますが、そうではありません。極端に良いこともあれば悪いこともある、そしてそれらをトータルで考えると、結局はプラスマイナスゼロになるという、なんとも表現しにくい運気なのです。

例えば、メインの運気が**【達成】**だというので仕事でどんどん積極的な手を打っていったところ、順調に業績が伸びたとしましょう。

それに気を良くし次のステップに進もうとした途端、中心になって動いてくれていたスタッフが突然会社を辞めてしまった。あるいは取引先が税務署の調査を受け、中断を余儀なくされた――。パターンはさまざまでしょうが、文字通り〝天国から地獄へ〟というような事態に陥るのです。

もちろん、その逆もあります。何をやってもうまくいかず途方に暮れていたところ、

まるでジェットコースターのような霊合星人の運気の揺れ幅

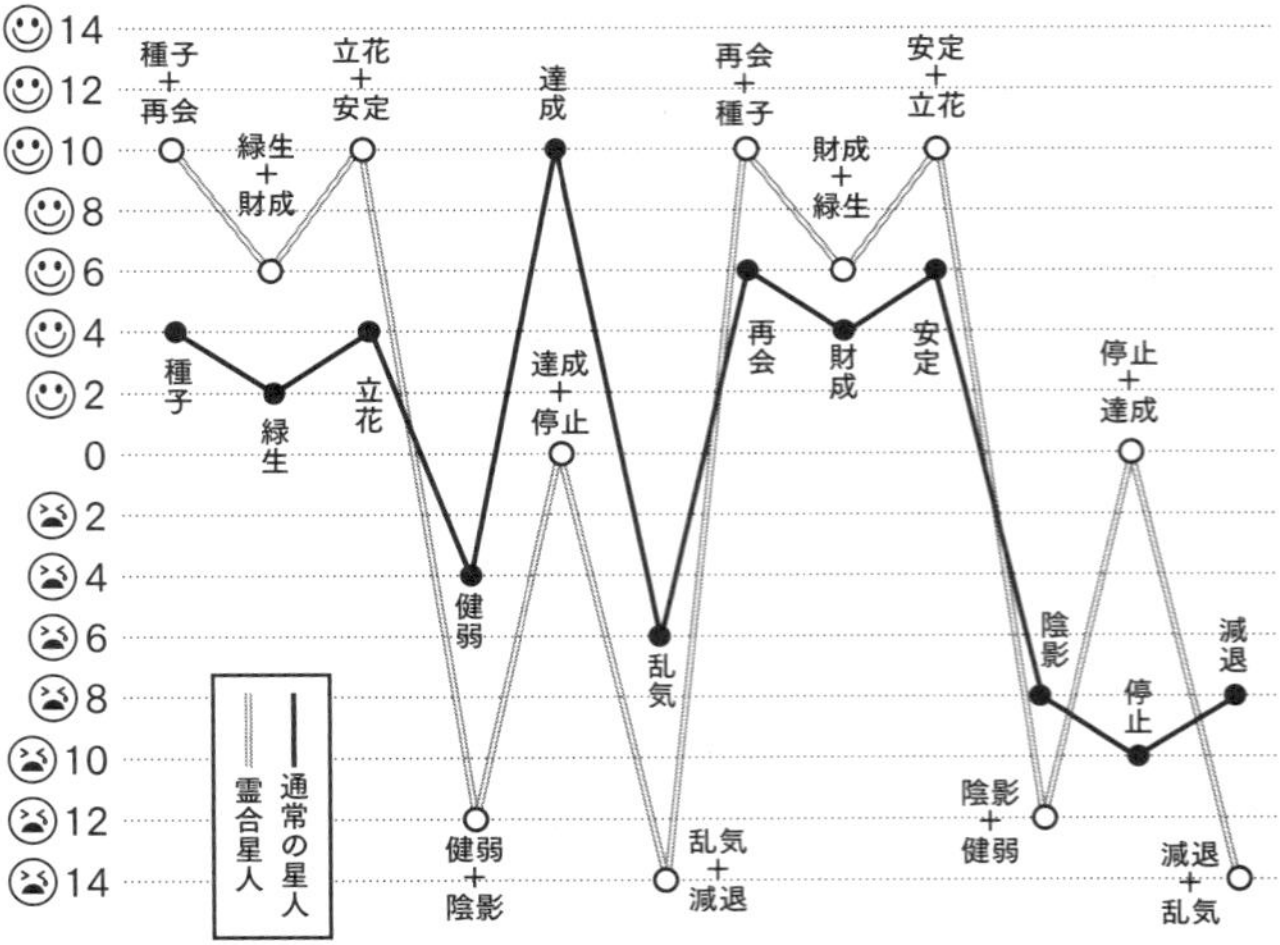

思いもよらない協力者が現れ、資金援助を申し出てくれたなど〝地獄で仏〟と言うべきこともあるのです。

【達成】と【停止】が組み合わさったとき、霊合星人のほとんどが「数奇な運命」を実感することでしょう。このように、運命に弄《もてあそ》ばれやすいのが霊合星人の大きな特徴なのです。

4 霊合星人が〝半年運〟と呼ばれる理由

それにしても、なぜこういう「特殊な星」で「とても複雑な人生を歩む」人がいるのでしょうか。その答えは、占命盤上で自分の生まれ年の干支《えと》が【停止】の位置にあるからです。

干支というと普通、単に自分の生まれ年に動物（実在・架空を問わず）が当てはめられているだけのように捉えがちですが、本当はきちんとした深い意味があります。そのことをご存じの方は少ないようです。

干支の「干」は空間、「支」は時間を意味しています。つまり、干支とは、その人に生まれつき与えられた最もふさわしい空間（場所）と時間のことを指しているのです。

ところが、それが【停止】という、〝大殺界〟の中でも最もマイナスエネルギーの強い運気に支配されているのが霊合星人です。空間も時間も〝停止〟、つまり身動きが取れず完全にストップしているのですから、通常の星人の運命とは違ってきます。

こうして見てくると、霊合星人のもう一つの特徴が浮かび上がってきます。霊合星人にも、通常の星人と同じ12の運気があるのですが、**どの時期も2つの運気からなっているため、実質的には通常の星人の「半分」しかないのです。**

つまり、通常の星人の運命を1年間という単位で見たとき、12の運気をそれぞれ1ヵ月で消費していくのに対し、霊合星人の場合は、半年ですべて出尽くしてしまうことになります。霊合星人のことを〝半年運〟と呼ぶことがあるのはそのためで、通常の星人の倍のスピードで生きているとも言えるのです。

ただ、悪い運気が重なり合っているときであっても、不思議と救われることがあるのも霊合星人の特徴です。霊合星人だからといって、通常の星人よりハンディキャップがあるということではないのです。

生涯を通してジェットコースターのような人生と例えられることが多いのですが、良い運気が重なったときは、通常の六星人では考えられないようなエネルギーで、想像以上の結果を残すことができるのです。

相反する性格・気質を持ち合わせ、さらに2つの運気を併せ持つ霊合星人は、あなたさえその気になれば、ほかの六星人以上の大きなパワーを発揮できると言っても過言ではないでしょう。

特殊な星人ではありますが、普通の星人よりも、遥かにパワーがアップする時期があります。**そのタイミングを逃さず、生まれ持った才能を伸ばす努力をし続ければ、きっとその道で素晴らしい結果を残すことができるでしょう。**

霊合星人はどう生きるのがいいのか？

通常の星人に比べ、運気・性格が複雑で非常にわかりにくい霊合星人。いったい、どう生きるのが賢明なのでしょうか。

まず、わかりづらいとされる性格は、本来の運命星の性格が強いのですが、向かい合う運命星の運気が強いときはそちらも目立つようになります。しかも、それが真逆の関係にあるので、どちらが本当の自分なのか、周りの人はもちろん、本人にもよくわからないのです。そして、運気については、良いときも悪いときも2つが重なり合うので、極端なかたちで出てきます。それに加え、【達成】＋【停止】のように、「☺が10、😫が10で±0」という組み合わせもあります。

だとすれば、なんとも複雑な性格、通常の星人とは大きく異なる運気の流れを自覚したうえで、それにフィットした生き方を心がけることが大事になってきます。

霊合星人が通常の星人と同じつもりで行動していると、周囲を戸惑わせるだけでなく、無用なトラブルを引き起こしてしまう恐れがあります。そこで、自分と繋がりのある人達への気配りを忘れてはなりません。

通常の星人も、天運《てんうん》、地運《ちうん》、さらに人運《じんうん》など、いわゆる「相性」がさまざまな影響を与えます。そうしたことへの配慮を忘れ、自分ひとりで生きていこうとしても、なかなかうまくいきません。

しかし、霊合星人の場合はもっと複雑です。もともと2つの星人の性格が入り交じっているうえに、2つの運気が重なり合っているからです。そうした中で、周囲の人との関係にも気を配るのはそう簡単なことではありません。

なぜなら、自分で自分のことがわかりにくいことに加え、他の人の性格や運気まで考慮しなくてはならないとなれば、それだけで大変なエネルギーを使わなくてはならないからです。

また、重なり合っている運気のもとで生きるのも、通常の星人より多くのエネルギーが必要になってきます。

通常の星人の運気が、例えば【種子】だとしましょう。数値で表せば「☺が4」ですが、霊合星人の場合はそれに【再会】(=「☺が6」)が重なるので、合計「☺が10」となります。

プラスの数値が大きいので、一見素晴らしいことのように思えますが、調子が良ければ良いほど、すること・したいことは増えるはず。当然、エネルギーもそのぶん多く消費します。

逆に、【乱気】（＝「😫が6」）と【減退】（＝「😫が8」）が重なり合うと、トータルは「😫が14」。トラブルの処理や、気質が合わない人と関わったりなど、こうした状態がずっと続くのですから、通常の星人より多くのエネルギーを消耗します。

しかも、霊合星人は、通常の星人の半分のサイクルで生きているのですから、疲れない方が不思議です。また、自分の運気のサイクルを知らずに過ごしていると、志を全うできない結果になってしまいます。だからこそ、自分のタイミングをしっかり把握することが大切なのです。

霊合星人の中には、「その世界で長く活躍を続ける人」もいます。これは、エネルギーの配分が上手な人と言っていいでしょう。彼らは、運気が良いからといってむやみに突っ走ることもなく、〝殺界〟が重なり合っているときは、嵐が通り過ぎるのをおとなしく待つことができます。

ポイントは、心を鍛え、自分を前面に出そうとしないことです。

霊合星人は、生まれ年の干支《えと》が【停止】。これは、自分の「中心」がないことを意味しています。性格・気質、運気の内容・流れがわかりにくいのも、すべてそのことに原因があります。

ならば、こう考えてはどうでしょうか。もともと存在しない「中心」にしがみつこうとしても、それは叶わぬこと。「中心」がないならば、その事実を素直に受け入れ、それに合った生き方を目指せばいいと。

つまり、自分に固執しすぎず、人の動きをよく観察し、流れに乗って生きていくのです。投げやりにしろということではありません。そうしないとエネルギー切れを起こしてしまうのです。

「特殊な星人」とも言える霊合星人は、ジェットコースターのような運命をうまく乗りこなす生き方を心がけると、良い運気のときは通常の星人より遥かに素晴らしい結果を残せるでしょう。そうなれば周囲からも声がかかり、活躍の場も増えそうです。

中には、ある特定の分野で、信じられないくらい長い間活躍し続ける人もいます。通常の星人より波瀾万丈ではあっても、充実した人生を歩んでいけることでしょう。

◆霊合星人が素晴らしい結果を残すポイント

- まずは自分の運命を素直に受け入れる
- 心を鍛え、自分を前面に出そうとしない
- 人の動きをよく観察し、流れに乗って生きていく

幸せな人生を歩むための開運五ヵ条

『六星占術』を活用しながら幸せな人生を歩むためには、ご自分の運気を把握しながら一日一日をどのような心構えで過ごすかが重要です。心の曇りを晴らし、自分を成長させる作法を細木数子は毎日実践し、自分の人生を発展させてきました。「どうしたら開運できますか?」と問う前に、まずはこの基本の5つからはじめてみてください。

その一 健康的な生活を送る

どんなに開運をしたとしても、健康でなければ幸せに近づくことはできません。朝起きて朝日を浴びる。窓を開けて新鮮な空気に入れ替える。こんなにもシンプルで簡単なことが、健康を保ちながら開運に繋がる第一歩になります。

そして何よりも大切なのは食事です。人の体は食べ物で作られているので、一食一食を大切に、自分や家族のためにできるだけ手作りを心がけてください。

その二　整理整頓、掃除は開運の初歩

「良い気はきれいな場所に流れる」と言われるように、整理整頓や掃除は開運の初歩です。運気が低迷しているときは、どこか散らかって乱雑になりがちです。そういうときは、〝掃除をしないから物事がうまく回らないのだ〟ということを理解してください。

掃除が面倒だという人は、自ら運気を逃しているようなもの。そのくらい身の回りをきれいに保つことは大切なのです。身だしなみのケアもお忘れなく。

その三　先祖を敬い、感謝して供養する

いま生かされていることを頭におくと、先祖への感謝は欠かせません。先祖の住まいであるお墓にまいり、仏壇にも手を合わせましょう。亡き人の好きだった花や酒、趣味のもの等を供えるのは押しつけや自己満足になるので、「好きな色にお染めください」と、過去、現在、未来を表す白菊3本を供えましょう。自分だけの力で生きている人はいません。先祖のおかげでいまの自分があることに気付いて感謝しましょう。

その四　時間を大切に、規則正しい生活を送る

人は時間によって生きています。その時間の配分を考え、規則正しい生活を送ることが大切です。ですから、時間を無駄にする、また時間を守らず人を待たせると

いうのは社会でのルールに反する行為です。心の余裕がなければ常にバタバタと行動することになり、良い結果に繋がるはずはありません。常に5分前、10分前行動を心がけ、限られた時間を大切に生きてください。

その《その》五 人に尽くす心の余裕を持ち、努力する

世のために、誰かのために、という行動は難しいものではなく、誰にでも実践できることです。ですが社会貢献などと大きく考えてしまうと、なかなか行動に移せない人が多いようです。

大切なのは〝こうなってほしい〟と心に自然と発することに向かって動くことです。人に尽くす心の余裕を持ち、努力することが必要です。

第2章

霊合星人の「私」を知る方法

霊合星人の基本性格①土星人

理想主義と現実主義が、マイルドに交じり合う

【土星人と天王星人の両方の性質を持つ】

土星人で霊合星の持ち主であるあなたの性格は、占命盤上で向かい合う天王星人の影響を受けます。それにより、土星人と天王星人がミックスされた性格・気質の持ち主です。霊合星人の中でも、この組み合わせほど矛盾の度合いが激しいものはないでしょう。

土星人は理想主義者。利害よりも名誉やプライドを重視し、律義さと潔癖さを追求することにかけては妥協を許しません。正義感も強く、強い意志を持って事にあたるので途中で投げ出すようなことはありません。自分を信じる気持ちが強く、世渡りはけっして上手とは言えません。周囲とも衝突しやすいところがあるので、チームプレーよりも単独で取り組むことの方が性に合っています。

一方、対向する天王星人は、物事のけじめをつけること、筋を通すことが大の苦手。理性より感情、理屈より行動、理想よりも現実という性質。愛嬌があり周りを楽しませ

ることが大好きですが、時間にルーズなところがあり土星人とは真逆です。

こうした相反する性格が同居しているので、周囲から見ると、土星人で霊合星の持ち主の「人となり」を理解するのはかなり難しいかもしれません。


ただ、土星人なので、責任感の強さ、人の好き嫌いの激しさにかけては、ほかの星人の追随を許しません。また、対向する天王星人と共通している平和を愛する気持ち、「人」を愛する気持ちは、相乗効果によっていっそう強まります。

そのため、どんなに対立する相手がいても、事を荒立てることはないでしょう。ただ、それがときとして優柔不断と映り「信頼できない人」「ハッキリしない人」と見られることも少なくないようです。また、土星人の潔癖さを天王星人の〝事なかれ主義〟が飲み込んでしまうと、大事なところでミスをしてしまうことも。

さらに、天王星人特有の快楽を求める情熱が、土星人の融通の利かないひたむきさと重なると厄介なトラブルを招きそうです。好きになった相手に配偶者がいるのに強引に略奪しようとしたり、ギャンブルにのめり込んでしまう恐れがあります。

とはいえ、理想を追い求める土星人と、現実に柔軟に対応できる天王星人がうまくミックスすれば、周囲ともうまく折り合っていけるのではないでしょうか。

霊合星人の基本性格②金星人

抜群の行動力にこまやかな配慮が加わる

【金星人と木星人の両方の性質を持つ】

金星人で霊合星の持ち主であるあなたの性格は、占命盤上で向かい合う木星人の影響を受けます。金星人と木星人という異なる要素が合わさった性格・気質の持ち主です。

金星人は六星人の中でも抜群の行動力の持ち主です。また自由で合理的な考えがベースにあるので、理屈に合わないことは受け入れようとしません。かといって、人の言うことに耳を貸さない頑固者でもありません。

ファッションや時代を先取りするセンスは抜群。また、その場にいるだけで周囲の人を楽しませる華やかさには天性のものがあります。社交性にも富んでいるので、誰とでも付き合うことができ、生涯を通じて多くの友人に恵まれるでしょう。

ただ、後先を考えない軽率な行動を取りがちで、肝心なところでミスをするなど、他人に迷惑をかけてしまうことが少なくありません。自分では頑張っているつもりでも、周囲からは「危なっかしい人」と見られ、なかなか信用を得られないことも。

しかし、影響を受ける対向する木星人の性格・気質は、金星人とは正反対。コツコツと努力することを惜しまず、感情より理性を重んじるタイプです。そのため、衝動的に行動するようなことはありません。何かをはじめようとするときも、とことん理論的に考える慎重派で、石橋を叩いても渡らないことさえあります。そのおかげで、金星人が持つ軽率さや落ち着きのなさにブレーキをかけてくれます。

ただし、自由な発想と理性を重視する姿勢が交じり合うため、自分の気持ちをうまく表現できないこともしばしば。周囲の人はあなたが何を考えているか理解できず、それが原因で人との間に溝を作ってしまうかもしれません。

ルールや常識にとらわれない奔放さが持ち味なのに、木星人の慎重さに足を引っ張られ、一貫性のない中途半端な態度を取ってしまうことも。周囲を混乱させ、「あの人はいったい何を考えているのだろう」といった印象を抱かれかねません。

それでも金星人のスピード、行動力はやはり魅力的。そこに慎重さやこまやかな配慮、さらに粘り強さが加わることで欠点がうまくカバーされます。努力を怠らなければ、素晴らしい結果を生む可能性も十分に期待できるでしょう。

霊合星人の基本性格③火星人

矛盾した性格が共存するが、強く異性を惹きつける

【火星人と水星人の両方の性質を持つ】

火星人で霊合星の持ち主であるあなたの性格は、占命盤上で向かい合う水星人の影響を受けます。それにより、火星人と水星人がミックスされた性格・気質の持ち主です。霊合星人の中でも、これほど異性を強く惹きつける組み合わせはないと言っていいでしょう。

フィーリングで行動する火星人は、人見知りが激しく、心の内をなかなか明かそうとしません。自分の世界を大切にすることにかけては、六星人の中で随一。そのため、「何を考えているのかよくわからない」と思われがちです。しかし水星人は「人は人、自分は自分」とハッキリ割り切っているので、周囲の反応や批判に動じることはなさそうです。

ワガママな人と思われがちですが、一度心を開き、信頼を寄せた相手とはどんなことがあっても付き合いを続けようとします。また、内気で寂しがり屋でもあるので、いつ

も身近に相談できる人がいないと落ち着きません。

水星人は、何事においてもクールな言動が大きな特徴です。独立心旺盛で人を簡単に信用しようとしないかわりに、他人に何かを求めることもありません。相手の気持ちを考えたり、人のペースに合わせるのが苦手なのです。その一方で、事業を興《おこ》すことに情熱を燃やし、財運にも恵まれ、金銭的に余裕のある人が多いはず。

その火星人と水星人が重なり合っているのですから、不思議なことになります。見た目は気難しそうなのに、実際に付き合ってみるとそうでもない。他人の力を借りずにやり遂げる強さを感じさせるのに、実は大変な寂しがり屋。スター性があるわりには考え方はとても冷静、というような、不思議で矛盾した性格が共存するのです。

ですが、こうした特徴がうまくミックスすれば、素晴らしい実績を残し、社会の中で高い評価を受けることもけっして夢ではありません。

その一方で、異性の心を惹きつけて離さないところもあります。カリスマ性があり、どんな相手も自分のペースに巻き込んでしまう強烈なパワーを秘めているのです。神秘的で謎めいた魅力を秘めている火星人、クールで知的な水星人。それがミックスされているので、周りの人は、恋心を刺激されてもおかしくないでしょう。

霊合星人の基本性格④天王星人

優しさと激しさを併せ持ち、多くの人を味方につける

【天王星人と土星人の両方の性質を持つ】

天王星人で霊合星の持ち主であるあなたの性格は、占命盤上で向かい合う土星人の影響を受けます。それにより、天王星人と土星人がミックスされた性格・気質の持ち主です。霊合星人の中でも、対極の組み合わせと言えます。

「人」を大切にしようとする天王星人の優しさは、六星人の中でも群を抜いています。その包容力には誰もが心を惹かれることでしょう。ただし、それが〝優柔不断〟と受け取られることも少なくありません。とはいっても、人なつっこくて、なんでも話せる友人がたくさんいるのは、天王星人の大きな魅力。反面、いつも誰かがそばにいないと不安でたまらない寂しがり屋なところも、多くの人を惹きつける魅力の源泉でしょう。

しかし、これが霊合星の持ち主となると、なんとも複雑でわかりにくくなります。占命盤上で向かい合う土星人の、潔癖で生真面目な性格が重なり合うのですから、いつも

ニコニコと優しい笑顔を見せているのに、いったん怒りが爆発すると、これが同じ人なのかと目を疑うほどの激しい落差に驚かない人はいないはずです。

その一方で、天王星人の甘えん坊な面と土星人の持つリーダーシップに富んだ面が独特な魅力となり、多くの人を味方につけるところもあります。一度話をしただけでも強烈な印象を残すので、〝こんなに素晴らしい人と出会うチャンスはそうない〟と感激する人も少なくありません。それだけ人にポジティブな印象を残すことができるのです。

ただ、言うこととやることが一致しないところがあります。ボキャブラリーは豊富で、話し上手。その発言はとても立派なのに、自ら実行するのは不得手。そのため、「口だけの人」と思われることもしばしばあります。

浮気をすると、取り返しのつかない事態を招く恐れがあります。もともと天王星人には浮気性なところがありますが、遊びのつもりで付き合いはじめても、対向する土星人の律義さや潔癖さが頭をもたげると、つい本気になってしまうのです。あげくの果て、家庭が崩壊してしまうケースもなきにしもあらず……。

年を取ってもロマンを追い求める天王星人的な生き方に、何事も白黒をつけたがる土星人的な生き方が重なると、パートナーがなかなか見つからないという事態も。

霊合星人の基本性格⑤木星人

理性があり慎重だが、大胆な行動が先立つことも

【木星人と金星人の両方の性質を持つ】

木星人で霊合星の持ち主であるあなたの性格は、占命盤上で向かい合う金星人の影響を受けます。それにより、木星人と金星人がミックスされた性格・気質の持ち主です。まさに真逆な要素が入り交じると言えるでしょう。

几帳面で忍耐強く、目標に向かって地道に努力する木星人。それに加え、理性を重んじるので、一時の感情で軽はずみな行動に出たりすることはありません。

保守的で、自分で納得しないと行動に出ないことから、周囲からは生真面目で融通が利かない人と見られがちですし、実際に要領が悪いところもありますが、そうした評判にも動じません。このタイプの人がいないと、家庭にせよ会社にせよ秩序が乱れてしまうので、その意味では貴重な存在とも言えます。また、度胸もあるので、大胆で思い切りが良い面も。

木星人で霊合星の持ち主の場合、占命盤上で向かい合う金星人の影響を受けます。対

向する金星人の特徴は、華やかで自由奔放。目新しいものが好きな反面、古い伝統を重んじる心を持ち合わせています。行動力・実行力にかけては、六星人の中でもいちばんで、自分がこうと決めたことは、誰がなんと言おうと積極的にチャレンジします。また、物事を慎重に進めていくのが苦手で、考えるより先に手足が動いてしまう危なっかしいところがあります。

このように、ほぼ真逆の性格・気質が入り交じっているため、周囲の人は、その本心をなかなか掴めないことでしょう。

ただ木星人は、思慮深さにかけてはほかの星人に引けを取りません。本来なら、情報を集め、じっくり考えてから行動に移すのに、金星人の影響を受けて、思いつきで行動してしまうことがあります。その結果、周囲の混乱を招きがちなので注意が必要です。

特に、男女関係でそうした面が出ると、木星人の持つ家庭的な部分がかき消される恐れがあります。後々、大変な事態を招きかねませんが、それでも誰もが納得させられる見事な解決策をひねり出し、なんとか乗り切ることができるでしょう。

女性の場合は、慎重そうに見えて行動が素早いことなどから、〝性悪女〟などというレッテルを貼られてしまう恐れがあることも覚悟しておく必要があります。

霊合星人の基本性格⑥水星人

マイペースだが、協調性や責任感もバッチリ

【水星人と火星人の両方の性質を持つ】

水星人で霊合星の持ち主であるあなたの性格は、占命盤上で向かい合う火星人の影響を受けます。それにより、水星人と火星人がミックスされた性格・気質の持ち主です。霊合星人の中でも、異性から注目を浴びやすい組み合わせと言えるでしょう。

何事も自分からはじまる〝初代運〟の持ち主＝水星人の特徴は、旺盛な独立心。先輩や両親などのアドバイスに耳を傾けることはあっても、最後の結論は自分自身で出そうとします。そのため、「相談があると言うから聞いたのに、いったい何だったの！」と、思わず腹を立てる人もいることでしょう。自分勝手で独断的と思われても、マイペースで事を進めようとするのが水星人なのです。

意志が強く、最後の最後までそれを通そうとするのは、生き抜くための武器とも言えます。そうしたクールな面に加え、華やかで優しい印象を与えるので、異性の注目を集

めることも多いはず。ですが、頭の中ではいつも冷静に損得を計算しているので、最後は相手が諦《あきら》めざるをえないような状況に持ち込むこともしばしば。〝冷たい人〟という印象を持たれることもあるようです。

その水星人が霊合星を持つと、占命盤上で向かい合う火星人は、水星人とは真逆。他人と打ち解けるまでに時間はかかりますが、いったん心を開いた相手を裏切るようなことはしません。また、失敗に終わっても責任は自分で取るので、会社、友人、家族からの信頼は厚いはずです。

それがうまく重なり合うと、周囲の意見をよく聞き、それを自分自身の行動に巧みに取り込んでいくので、組織の中でも上手にやっていくことができるでしょう。マイペースで進められるところは進め、人には迷惑をかけない――そういう人が重宝されないわけがありません。

しかしこれが裏目に出ると、水星人ならではのスター性で多くの人を魅了しておきながら、行動は自分勝手……。惹きつけられる人の数が多いぶん反感を買いやすく、最終的には孤立してしまうこともありそうです。「自分勝手すぎるかも」と感じたら、心の中でブレーキをかけるよう心がけましょう。

霊合星人の各界著名人 —— 土星・金星

（50音順）

土星人－の著名人

赤井英和　1959.8.17（俳優）
稲田朋美　1959.2.20（政治家）
蛭子能収　1947.10.21（漫画家）
小木博明　1971.8.16（タレント）
川口春奈　1995.2.10（女優）
小久保裕紀　1971.10.8（プロ野球）
春風亭昇太　1959.12.9（落語家）
玉井詩織　1995.6.4（歌手）
土屋太鳳　1995.2.3（女優）
平子理沙　1971.2.14（モデル）
布施　明　1947.12.18（歌手）

土星人＋の著名人

ASKA　1958.2.24（歌手）
阿部サダヲ　1970.4.23（俳優）
宇崎竜童　1946.2.23（歌手）
永山瑛太　1982.12.13（俳優）
羽生結弦　1994.12.7（スケート）
樋口可南子　1958.12.13（女優）
広瀬アリス　1994.12.11（女優）
藤岡　弘、　1946.2.19（俳優）
藤浪晋太郎　1994.4.12（プロ野球）
真木よう子　1982.10.15（女優）
山本浩二　1946.10.25（プロ野球）

金星人－の著名人

荒川静香　1981.12.29（スケート）
石川佳純　1993.2.23（卓球）
かたせ梨乃　1957.5.8（女優）
武井　咲　1993.12.25（女優）
竹内涼真　1993.4.26（俳優）
鳥谷　敬　1981.6.26（プロ野球）
永井　豪　1945.9.6（漫画家）
西内まりや　1993.12.24（歌手）
美木良介　1957.11.2（タレント）
安　めぐみ　1981.12.22（タレント）
吉永小百合　1945.3.13（女優）

金星人＋の著名人

大沢たかお　1968.3.11（俳優）
菊池桃子　1968.5.4（女優）
剛力彩芽　1992.8.27（女優）
近藤サト　1968.7.11（アナウンサー）
長渕　剛　1956.9.7（歌手）
名倉　潤　1968.11.4（タレント）
蛍原　徹　1968.1.8（タレント）
本田　翼　1992.6.27（女優）
松下由樹　1968.7.9（女優）
村田修一　1980.12.28（プロ野球）
渡部篤郎　1968.5.5（俳優）

霊合星人の各界著名人 —— 火星・天王星

（50音順）

火星人－の著名人

阿部慎之助　1979.3.20（プロ野球）
石川　遼　1991.9.17（ゴルフ）
江川　卓　1955.5.25（プロ野球）
北乃きい　1991.3.15（女優）
坂本冬美　1967.3.30（歌手）
千賀健永　1991.3.23（歌手）
遠野なぎこ　1979.11.22（女優）
所　ジョージ　1955.1.26（タレント）
内藤剛志　1955.5.27（俳優）
中山雅史　1967.9.23（サッカー）
山本美月　1991.7.18（女優）

火星人＋の著名人

浅田真央　1990.9.25（スケート）
佐藤栞里　1990.7.27（タレント）
椎名林檎　1978.11.25（歌手）
スガシカオ　1966.7.28（歌手）
長嶋一茂　1966.1.26（タレント）
長谷川京子　1978.7.22（女優）
林　真理子　1954.4.1（作家）
東山紀之　1966.9.30（タレント）
福田沙紀　1990.9.19（女優）
藤井聡太　2002.7.19（将棋）
若林正恭　1978.9.20（タレント）

天王星人－の著名人

石坂浩二　1941.6.20（俳優）
市川團十郎　1977.12.6（歌舞伎）
落合博満　1953.12.9（プロ野球）
香川照之　1965.12.7（俳優）
小林誠司　1989.6.7（プロ野球）
沢口靖子　1965.6.11（女優）
ヒロミ　1965.2.13（タレント）
松　たか子　1977.6.10（女優）
水谷　隼　1989.6.9（卓球）
山口もえ　1977.6.11（タレント）
山里亮太　1977.4.14（タレント）

天王星人＋の著名人

阿部　寛　1964.6.22（俳優）
新垣結衣　1988.6.11（女優）
榮倉奈々　1988.2.12（女優）
オダギリジョー　1976.2.16（俳優）
加藤一二三　1940.1.1（将棋）
坂本勇人　1988.12.14（プロ野球）
高橋克典　1964.12.15（俳優）
中島みゆき　1952.2.23（歌手）
温水洋一　1964.6.19（俳優）
前田健太　1988.4.11（プロ野球）
村上　龍　1952.2.19（作家）

霊合星人の各界著名人 —— 木星・水星

（50音順）

木星人－の著名人

工藤公康　1963.5.5(プロ野球)
河野太郎　1963.1.10(政治家)
小林　薫　1951.9.4(俳優)
重松　清　1963.3.6(作家)
杉山　愛　1975.7.5(テニス)
ちばてつや　1939.1.11(漫画家)
中村玉緒　1939.7.12(女優)
野島伸司　1963.3.4(脚本家)
三浦大知　1987.8.24(歌手)
リリー・フランキー　1963.11.4(作家)
渡辺直美　1987.10.23(タレント)

木星人＋の著名人

石原良純　1962.1.15(タレント)
梅沢富美男　1950.11.9(俳優)
奥田瑛二　1950.3.18(俳優)
木梨憲武　1962.3.9(タレント)
草彅　剛　1974.7.9(タレント)
国分太一　1974.9.2(タレント)
伊達みきお　1974.9.5(タレント)
東尾　修　1950.5.18(プロ野球)
藤井フミヤ　1962.7.11(歌手)
松田聖子　1962.3.10(歌手)
山中伸弥　1962.9.4(医学者)

水星人－の著名人

哀川　翔　1961.5.24(俳優)
綾瀬はるか　1985.3.24(女優)
市村正親　1949.1.28(俳優)
上戸　彩　1985.9.14(女優)
大倉忠義　1985.5.16(歌手)
古坂大魔王　1973.7.17(タレント)
篠原信一　1973.1.23(柔道)
中井貴一　1961.9.18(俳優)
西山茉希　1985.11.16(タレント)
火野正平　1949.5.30(俳優)
山下健二郎　1985.5.24(歌手)
梨花　1973.5.21(モデル)

水星人＋の著名人

新田真剣佑　1996.11.16(俳優)
北島三郎　1936.10.4(歌手)
久保純子　1972.1.24(アナウンサー)
里見浩太朗　1936.11.28(俳優)
清水ミチコ　1960.1.27(タレント)
新庄剛志　1972.1.28(プロ野球)
濱口　優　1972.1.29(タレント)
舛添要一　1948.11.29(政治家)
松雪泰子　1972.11.28(女優)
若槻千夏　1984.5.28(タレント)
横浜流星　1996.9.16(俳優)

第3章

2024（令和6）年版
霊合星人の運命

霊合星の土星人（＋）

◆全体運　メイン：達成＋サブ：停止　2024（令和6）年

メインが最高潮の【達成】で、サブは〝大殺界〟のど真ん中【停止】という運気です。メインが12年に一度の好運気なので、昨年の重苦しい雰囲気から解放されるでしょう。

しかし、誰もがうらやむような素晴らしい出来事があるかと思えば、反対に「どうして自分だけがこんなことに……」といった悪いことも起こる可能性があります。

苦労して進めてきた大きなプロジェクトや取引の成果を、完成目前で誰かに横取りされたり、些細《ささい》なミスで振り出しに戻ることになったりといったことがあるかもしれません。だからといってそれですべてを投げ出してしまったらいままでの努力が無駄になってしまいます。メインの【達成】のパワーを信じて気持ちを切り替え、何事にもポジティブに取り組んでください。

今年は集中力にムラが出るせいで、驚くほどのスピードで進められることもあれば、いくら時間をかけても一向に前に進まないこともあります。どんな状況であっても焦らず「霊合星人特有の運気」なのだということを心に刻んでください。自分のリズムを掴んで好調なタイミングを選び、集中して課題に取り組むことが大切です。

◆恋愛・結婚運 2024(令和6)年

波瀾に満ちた一年になる兆し

ロマンティックなデートを楽しめたかと思えば、これまでに経験したことがないような大ゲンカをするなど、恋愛面でも波瀾に満ちた一年になりそうです。

良いことと悪いことが相次いで起こる状況ですが、流されず、どんなにうまくいかないことがあっても愛情を確かめるための試練と考えましょう。

今年は自分の気持ちを信じ、相手を見る目を養う期間に充《あ》ててください。

【シングル】

フリーの人は出会いのチャンスが期待できそうです。ただ、いつもより人を見る目が曇っているので、出会ってすぐに深い交際に発展させるのは考えものです。

今年は時間をかけて相手をじっくりと見極める期間と割り切った方がよさそうです。

友達として付き合いをスタートさせて、いろいろなシーンで相手を観察してください。

【恋人あり】

今年は恋人への愛情や信頼の深さを試されるようなことがたくさん起こりそう。例えば、交際がとてもうまくいっていたかと思えば、突然相手の気持ちがわからなくなるなど、一挙一動に翻弄されることも。何が起こっても相手を問い詰めるのではなく、自分の気持ちと向き合い、この一年の試練を乗り越えてください。

【既婚者】

パートナーとの関係は良好な一年ですが、突然想定外のトラブルに見舞われることもありそうです。どんなことが起こっても、焦って重要な決断をしないこと。何が起きてもどっしりとした姿勢で構え、人に相談したり、じっくり考えたりしてから答えを出すようにしましょう。前向きな気持ちが事態を良い方向に運んでくれます。

【再婚】

良い出会いに恵まれる一年です。あなたの理想としている人とめぐり合うことができ、楽しい時間が過ごせるでしょう。ただ、どんなに意気投合しても、年内の再婚はおすすめできません。相手をいろいろな角度から観察し、生活習慣、金銭感覚、趣味、嗜好など今後の人生のパートナーに本当に相応しいかをじっくりと見極めてください。

◆家庭・人間関係運　2024(令和6)年

どんな人とも良い関係が築ける一年

いつもは人に対して自分の理想を押しつけてしまいがちなあなたですが、今年はメインの運気【達成】の影響で、どんな人ともスムーズに付き合うことができそうです。ただし、相手のことを知ろうと思うよりも、自分の考えをわかってもらいたい気持ちが強くなりすぎてしまうことがあるかもしれません。コミュニケーションのバランスを崩さないためには、「ちゃんと人の話に耳を傾けているか」を意識してみましょう。

◆金運　2024(令和6)年

金銭面で悩みの少ない恵まれた一年

何をしても計画通りに進む今年は、金銭面で悩むことはなさそうです。ただし、臨時収入に恵まれたときは要注意。ついつい気持ちが大きくなってしまい、衝動的に高級品を購入したりして散財してしまう恐れがあります。

人付き合いの悪さをお金がカバーしてくれることもあるので、交際費に使うのは構いませんが、けっして見栄を張らないこと。必要なものにお金を使うようにしましょう。

◆仕事・勉強運

2024（令和6）年

順調に進む半面、些細《ささい》なミスに注意！

仕事も勉強も計画以上にスムーズに進みそうです。大胆な発想が受け入れられ、あなたを中心とした新しい企画が起ち上がるかもしれません。

その半面、手慣れた仕事で些細《ささい》なミスを繰り返してしまう心配もあります。しかし、本当にあなたの本質が問われるのはそうしたミスよりも、問題が起きた後の対処の仕方です。最後まで責任を持って取り組めば、信頼を大きく損ねることはないでしょう。

◆健康運

2024（令和6）年

体調も良好で安定して快適に過ごせる

一年を通して体調もよく、心身ともに気持ちよく過ごせそうです。ただし、だからといって調子に乗りすぎてはいけません。特にスポーツや屋外のレジャーでは注意が必要です。一瞬、判断を誤ったことにより、大きな事故に繋がる恐れもあります。

普段から食生活に気を使うことも大切です。外食が多い人は自炊する機会を増やし、バランスよく体にいいものを摂取するように心がけましょう。

霊合星の土星人(一)

2024(令和6)年

◆全体運 メイン:健弱 + サブ:陰影

メインが〝小殺界〟の【健弱】なので、いま一つ体調が優れず、何をするにも集中できないかもしれません。そのうえサブの運気が〝大殺界〟の【陰影】とあっては、自分では慎重に進めているつもりでも、とんでもないミスを犯したり、いつの間にか計画や予想していたことから大きくズレてしまう恐れもあります。

いつもなら軽率な判断はしないあなたですが、今年は気持ちが定まらないため、一度決めたことを覆したり、いつまでも決論を出しかねたりといったことがあるでしょう。重大な判断を下さないといけないときは、信頼できる人のアドバイスに従うか、思い切って決定を誰かに委ねるようにしてください。

体力に自信がない人や体の衰えを感じている人は、今年は特に注意が必要です。どんなに健康に自信がある人も、この時期は絶対に無理をしてはいけません。特にオーバーワークはもってのほか。休日はしっかりと心と体を休めて、健やかに過ごすことを心がけてください。

何事も無理をせず、今年一年を無事に乗り切ることを目標にしましょう。

◆恋愛・結婚運 2024(令和6)年

嵐をくぐりぬけるためにも判断は慎重に

恋愛面も今年は前途多難に感じることが多そうな一年です。無理に関係を深めようとすると、かえって相手の心が離れてしまうことがありそうです。今年は大きな決断はせず、何事もあえて保留にすると災難から逃れられそうです。

今後3年間はサブの運気は〝大殺界〟です。いまは焦らず、愛情を深めるための時期と割り切り、自分の恋愛観や家庭観を見直す時間に充《あ》てましょう。


【シングル】

今年の出会いは期待できそうにありません。あなたが「この人!」とピンときた人がいたとしても、いまのあなたは人を見る目が曇っている可能性があります。

急に関係を深めようとすればするほど、相手の心は離れてしまいます。また、この時期は危険な恋におぼれてしまうこともあるので、後悔しないように慎重な行動を。

【恋人あり】

恋人との結婚を考えている人は、今年は避けた方が無難です。結婚は一生を左右する問題ですから、あえて嵐の真っ只中にいる今年に無理に進めるのではなく、いまは愛情を深める期間と割り切った方がうまくいくでしょう。

ただし、愛情の押しつけや過度な愛情確認は、相手の心が離れる原因になります。

【既婚者】

結婚生活に大きな問題が発生する可能性があります。何が起こっても重大な決断は先延ばしにし、ひとりで突っ走ることは避けてください。

家庭のトラブルは信頼できる人に相談し、客観的なアドバイスを仰ぐのが賢明です。今年はお互いに結婚生活で大切なことを、もう一度見つめ直してみましょう。

【再婚】

あなたがこれから一生をともにしたいと強く願っていても、相手はまったく違うことを考えているかもしれません。今年は焦って再婚に踏み切るのではなく、お互いの理解を深める時間に充《あ》てた方がいいでしょう。一段と人恋しさが募り、必死に相手を探したくなりますが、急いで関係を深めることは絶対にやめておきましょう。

◆家庭・人間関係運　2024（令和6）年

人の好き嫌いが一段と激しくなりそう

〝殺界〟の影響をダブルで受ける今年は、人間関係のトラブルも避けられそうにありません。特に人の好き嫌いが激しくなりそうです。些細《ささい》なことから、これまで親しかった人にまで心を閉ざしてしまうことも。だからといって、ひとりでいるのが平気な訳ではなく、人恋しさはいつも以上に強くなります。そんなチグハグな行動も周囲に不信感を抱かせてしまう要因なので、今年は目立たないようにするのがよさそうです。

◆金運　2024（令和6）年

やりくりが苦しくても借り入れはNG

いままで自分の収入を好きなように使っていた人も、今年は自由にならないと心得ておいた方がよさそうです。急な冠婚葬祭や人付き合いで多額の出費が考えられます。どんなに毎月のやりくりが苦しかったとしても、借金は絶対にご法度。この3年間はサブの運気が〝大殺界〟なので、ほんの些細《ささい》な気持ちで借りたお金が大きな負担になる可能性が高そうです。頭をフル回転させて、ピンチをうまく切り抜けましょう。

◆仕事・勉強運 2024（令和6）年

人の成果がうらやましく見えても忍耐のとき

どんなに努力をしても、あなたが望むような成果に結びつきづらい一年です。やることなすこと自分の意図と正反対の方向に進んでしまい、周囲の協力も得られず、気力まで失ってしまうことすらありそうです。

人の成功をうらやましく思ってしまいますが、ここは忍耐のとき。成長の期間と割り切り、やるべきことを淡々とこなすことが、いまのあなたの正しい選択でしょう。

◆健康運 2024（令和6）年

メンタルが落ち込んだら気分転換を

今年はストレスの対処が体調を左右するカギとなりそうです。うまくいかないことがあって気分が落ち込んだら、こまめに気分転換を図りましょう。

慢性的な頭痛や肩こりがある人は、病院できちんと診察を受けてください。自分では思いつかない原因が見つかるかもしれません。自己判断で市販薬を飲んで済ませようとしないこと。素人判断は禁物と心得ておいてください。

霊合星の金星人（＋）

◆全体運　メイン：再会＋サブ：種子　2024（令和6）年

メインの運気は【再会】、サブは【種子】というダブルの好運気に恵まれる今年は、新しく何かをはじめたい気持ちが強まるでしょう。情報収集や世の中の流れを読むことに長けている金星人のベースに、何事にも理性的に取り組む木星人の影響が加わりますから、あなたがやろうと思ったことには確かな裏づけや見通しがあるはずです。誰が何と言おうと、今年閃《ひらめ》いたことは迷わずに取り組んでみましょう。

ただ一つ心配なのは、やりたいことが多すぎて散漫になってしまうことです。「恋も仕事も趣味も」「子育ても仕事も習い事も」と欲を出しすぎると、好運気が重なっていたとしてもすべてが中途半端な結果になってしまうこともあります。あなたにとっていちばん大切なことは何かを考え、優先順位をつけることを忘れてはいけません。

今年は、結婚や引っ越し、転職といった大きく環境を変える決断にも良い時期です。ただ金星人には勇み足や勘違いしやすいところがあるので、事前の準備やリサーチを念入りにしておいてください。身近な人の意見を聞くことも大切です。

一日も無駄にすることなく精力的に動くほど、運はあなたの味方をしてくれます。

◆恋愛・結婚運

2024（令和6）年
積極的に恋愛が楽しめる充実の一年

パワーにあふれて生き生きと輝くあなたの姿に、心惹かれる人が多いはずです。友達や同僚からアプローチを受けたら、一度はデートに応じてみましょう。もちろん、あなたから声をかけてもＯＫです。積極的に恋愛を楽しむ一年にしましょう。

交際のスタートや同棲、入籍も相手の運気をチェックしたうえで、前向きに進めてください。絶好調の運気があなたをサポートしてくれるはずです。

【シングル】

いままで友達だった人と交際に発展するようなことも考えられます。あなたの身近で好感を持った人には積極的にコミュニケーションを取ってみるのがいいでしょう。

今年は新しい出会いにも恵まれ、多くの人からアプローチを受けるかもしれません。

まずは一度デートをしてみて、あなたの心がワクワクする恋愛を選びましょう。

【恋人あり】

今年は一気に恋人との関係を深めるタイミングです。相手の運気を調べたうえで良いようなら、今年は同棲、入籍まで話を進めて構いません。

家族や友達もあなた達の関係を応援してくれ、誰もがうらやむ素敵なカップルとして認定されるでしょう。恋人ともロマンティックな時間が過ごせます。

【既婚者】

パートナーの気持ちが手に取るようにわかり、相手が望むようなことをしてあげられそうです。今年はいままでに行ったことがない場所への旅行も、二人の愛情が深まるきっかけになりそうです。あなたは既婚者ですが、意外な人からアプローチを受けることもありそうです。ですが、いまの幸せを壊さないように自重することが必要です。

【再婚】

理想としていたような人とめぐり合える運気です。初めての場所で、あるいは人からの紹介で、突然出会うこともあるでしょう。いつもより周囲からの注目を集める今年は、多くの人があなたの元に集まってきます。ルックスがタイプでなくても話をしているうちに心が惹かれることもあるので、人との会話を楽しむ余裕を持ちましょう。

◆家庭・人間関係運　2024（令和6）年

心を開けば人脈が広がる

昨年は、金星人の積極的な面と木星人の優柔不断な態度が交錯して、周りの人を混乱させたかもしれません。今年はどちらの影響もほどよくバランスが取れているので、誤解を受けることもなく良好な人間関係が築けるでしょう。

特に目上の人からの引き立てを受ける機会が増えそうです。たとえ苦手な相手でも、話には素直に耳を傾け、心を開いて接すると人脈も自然と広がっていきます。

◆金運　2024（令和6）年

お金の流れを止めないことがカギ

今年は自分でも気付かないうちにお金が入ってくることが増えそうです。堅実派の木星人の影響で、こういうときは貯蓄にまわしたくなりますが、お金の流れを止めないことが今年の幸運をさらに引き寄せるヒントとなるでしょう。

臨時収入が入ったときは、あなたの周りにいてくれる大切な家族や友達への感謝の気持ちを込めて、一緒にパッと使うと対人関係がさらに良くなります。

◆仕事・勉強運　2024（令和6）年

巻き返しを図るチャンスの到来

新しい一歩を踏み出すのにピッタリな今年は、就職や転職活動もスムーズに進みそうです。給料や有休休暇の日数といった条件だけに目を奪われるのではなく、5年後、10年後を見据えたキャリアプランを考えて行動を起こしましょう。

進学や資格を取るための勉強にも身が入ります。昨年思うように進められなかった人は、巻き返しを図るチャンスです。目標を引き上げてもいいでしょう。

◆健康運　2024（令和6）年

心も体も軽く充実した毎日が送れる

今年は体調もよく、多少の無理も利くので早朝出勤や残業も苦になりません。休日にしっかりと休みを取れば翌日には回復し、またバリバリと働くことができます。

本格的なダイエットに挑戦するにもいい年です。単に体重を減らすのではなく、必要な筋肉をつけながら体脂肪を落としましょう。意識的に体のバランスを整えるように取り組めば、理想的な体型を手に入れられるはずです。

霊合星の金星人(－)

2024(令和6)年

◆全体運　メイン：乱気　＋　サブ：減退

これまで順調に進んできたことが、ピタッと動かなくなってしまうかもしれませんが、メインが〝中殺界〟の【乱気】でサブが〝大殺界〟の【減退】なので、今年は致し方ないでしょう。これまで難なくこなしてきたことに苦労するようになったり、自分では注意しているつもりなのに大きなミスが続いたりと、やることなすこと歯車が嚙み合わない状況が続きそうです。行動力のある金星人にとっては、まるで足かせを付けられているような不自由で重苦しい気分になることもありそうです。

周囲の人ともテンポが合わず、話が食い違ったり、孤立してしまったりすることも多いでしょう。ただ、あまり気にしすぎるとストレスが溜まってしまいます。共同作業はなるべく避け、休日も仲間を誘って出かけるより、ひとりで気楽に過ごすようにすると余計な神経をすり減らさずに済みます。

今年は何事もスムーズには運ばないものと心に刻み、覚悟しておけば、大きな問題が起こったときもメンタルに悪影響を及ぼすことは少なそうです。そして、いつも以上に確認や事前準備を怠らず、時間に余裕を持って過ごすようにしましょう。

◆恋愛・結婚運　2024（令和6）年

人を見る目が曇り、信頼を失うことも

片時も離れたくないほど大好きだった相手が、突然つまらなく思えるかもしれません。かと思えば、普段なら相手にされないような人から声をかけられ、舞い上がってしまうといったこともありそうです。

〝中殺界〟と〝大殺界〟の影響をダイレクトに受けるので、人を見る目も曇りがち。一時の気の迷いで周囲からの信頼を失うことがないように、肝に銘じておきましょう。

【シングル】

人を見る目が曇りがちな今年は、出会いには慎重になってください。こういう時期に限って、いつもなら声がかからないような意外な人から誘われることもありそうです。つい調子に乗ってしまいそうですが、相手の真意をしっかりと見極めること！　何かあ

って、傷つくのはあなたです。相手選びは、いつも以上に慎重に。

【恋人あり】

夢中になっていた恋人との間に突然距離を感じたり、心変わりを感じることもあるかもしれません。ですが、この時期に一時の感情で別れを切り出すと後悔することになります。今年は恋人と一緒に過ごす時間を減らし、趣味や自分磨きに充《あ》てた方が余計なトラブルを生まずに済みそうです。

【既婚者】

パートナーがいる人からのアプローチや、既婚者に心を奪われてしまうなど、危険な誘惑にフラッと流されてしまうようなことが懸念されます。積極性のある金星人だからこそ、ここは一呼吸入れて理性で判断を。あなたには傷つけてはいけない人がいるということを頭に置いて、軽率な行動でいまある幸せを壊さぬように気を付けてください。

【再婚】

自分では理想的なパートナーにめぐり合えたと思っていても、今年のあなたは人を見る目が曇っています。その人は本当にあなたに相応しいですか？　信頼できる人に紹介して判断を仰ぐなど、けっしてひとりで突っ走らないようにしてください。

どんなに良いお付き合いをしていても、今年の入籍は避けるのが賢明です。

◆家庭・人間関係運　2024（令和6）年

余計な一言が人間関係の悪化に繋がる

【乱気】と【減退】というダブルの〝殺界〟の影響で、余計な一言が人間関係を悪化させるようなことがありそうです。それがきっかけで、あなたを理解して助けてくれていた人が遠ざかっていくように感じてしまいます。

しかし、それはメンタルが弱っているあなたの勘違いのようです。迷惑をかけたり、嫌な思いをさせたりしたと思ったら素直に謝ること。それがいちばんの解決策です。

◆金運　2024（令和6）年

浪費グセが再発し誘惑に負けることも

トレンドや目新しいものに目を奪われやすいあなた。見るものすべてを手に入れたくなるような誘惑が、今年のあなたを待ち構えています。

ただでさえ浪費グセがあるあなたですから、意識していないと財布のヒモは緩みっぱなしです。クレジットカードを家族に預けたり、収入は即、貯蓄にまわしたりするなど、何か工夫をしないと、あっという間に家計は火の車です。

◆仕事・勉強運　２０２４（令和６）年

集中力が続かず、今年の成果は期待薄

モチベーションもわかず、集中力も続かないので、やっと手に入れたこともすぐに放り出してしまうなど、大きな成果は期待できそうにありません。

自分勝手に段取りや手順を変えたりしてしまい、周りの人を困惑させることもあります。何事もルールに忠実に、決められたことは決められた通りに進めてください。机にじっと座ることすら困難に感じるときは、興味のある作業から取り組みましょう。

◆健康運　２０２４（令和６）年

メンタル面のケアが今年は最優先

ただでさえ気持ちが定まらないのに加えて、人から言われたことでクヨクヨ悩んだりして、メンタル面で大きなダメージを負う可能性があります。それが影響し、体調面でも不調をきたしてしまいそう。いつもなら友達と騒いでストレス発散が定番のあなたも、今年は更なるトラブルを引き起こしかねないのでやめておきましょう。

胃や腸に不調を感じたら、自分で判断せず、すぐに病院で検査をしましょう。

霊合星の火星人(+)

◆全体運　メイン：安定＋サブ：立花　2024(令和6)年

メイン【安定】、サブ【立花】と、去年に引き続き今年も好運気が続きます。直感的に閃《ひらめ》くことが多く、それに従って行動することで今後進むべき道がハッキリと見えてくるでしょう。それも漠然とした夢ではなく、実現に向けてのプロセスがしっかりと見通せるので、あなたは自分のやることに自信を持って取り組めるはずです。

またあなたのひたむきな姿勢に、自然と周りの人が協力してくれるかもしれません。そのときは素直に感謝して厚意を受けてください。

メンタルも落ち着いているので、気まぐれな行動は減るでしょう。そのうえ、水星人特有の人を惹きつける華やかさや旺盛な好奇心が良いタイミングで顔を出すので、人生の分岐点になるような出会いや出来事に期待していいでしょう。結婚や転職など、思ってもみなかったような展開もありそうです。

環境の変化をもたらすような決断は、年内にするのがおすすめです。今年のチャンスを逃すと、来年からはメインの運気が〝大殺界〟になってしまうので、身動きが取れなくなります。良い運気の今年のうちに精力的に動き、飛躍の一年にしてください。

◆恋愛・結婚運　2024(令和6)年

人を見る目が冴え、異性の注目を集める

穏やかなムードが漂う今年のあなたは、人からの注目を集めることが多くなりそうです。肩書や外見で人を判断しない火星人がベースなので、人を見る目も確かです。こういう良い時期に気になる相手との関係を一気に発展させましょう。

今年は愛情を深めるのに適した一年です。意思の疎通も良好なので、気持ちが伝わりやすく、あなたのことをより理解してもらいやすいでしょう。

【シングル】

自信に満ちて華やかなあなたにとって、自然と注目を集める一年になります。今年は人を見る目が冴えているので、あなたが強く惹かれた人には迷わずアプローチをしてみてください。急展開で話が進み、交際に発展することもありそうです。また出会い運が

良いので、人からの誘いには快く応じ、多くの人とコミュニケーションを取りましょう。

【恋人あり】

今年は同棲、入籍にも適した一年です。あなたに結婚したい気持ちがあるなら、相手の運気をチェックしたうえで気持ちを素直に伝えてみましょう。この時期はトントン拍子に話が進みます。来年からメインの運気が〝大殺界〟になるので、入籍は年内に済ませましょう。相手も良い運気なら、幸せな結婚生活が約束されそうです。

【既婚者】

今年はパートナーと愛情をさらに確かめ合う一年になりそうです。時間を作って将来のプランなどについて話し合うと、良い道が拓けるでしょう。

パートナーとの間に問題があるのなら、今年は解決に最適な運気です。お互い素直に気持ちを伝えることができれば、自然といい解決策に導かれます。

【再婚】

パートナーを探しているあなたは、最良の相手とめぐり合える兆しです。会話をしていて自然と笑顔になれる相手に出会うことができたら、あなたから勇気を出してアプローチをしてみましょう。今年出会った人とは、年内の入籍も夢ではありません。あなたに再婚の意思があることを早めに伝えておくと、いい返事が聞けるでしょう。

◆家庭・人間関係運　2024（令和6）年

周りとの歩調も合い交流の輪が広がる

何事にも好調な今年は、人間関係もスムーズです。自分のペースで行動しても、自然と周囲と歩調が合うので、いろいろな人と交流して人脈を広げるチャンスです。多くの人と接することでこれまで経験したことのないような刺激を受け、大きな成長を遂げることができるでしょう。最近、付き合いが途絶えがちだった知り合いや友達にも、何かしらきっかけを見つけてあなたから連絡してみましょう。

◆金運　2024（令和6）年

大きく貯蓄を増やせるチャンスも

後先考えずに買い物をすることが多いあなたは、お金を貯めることが苦手な傾向があります。いつもやりくりに頭を悩ませている人もいるでしょう。

しかし今年は、お金の出入りがいつになく安定するので、経済面の心配は少なくなります。それどころか、サブの水星人の特徴が前面に出て、貯蓄で大きな成果を上げるかもしれません。このチャンスを逃さず蓄財に励みましょう。

◆仕事・勉強運　2024（令和6）年

苦手なことを克服するのに適した一年

苦手なことや面倒に思っていたことがあるなら、今年は解決するのにベストな運気です。思っている以上に楽々とマスターでき、大きな成果を上げられそうです。それによって今後の経済的な基盤を築くことも夢ではないでしょう。

ただし、あまり欲張らないこと。あれもこれもと新しいものに手を付けるのは禁物です。やりかけたことは、きちんとやり遂げるまで粘り抜いてください。

◆健康運　2024（令和6）年

ストレスとは無縁で快調な毎日

どんなことも思いのままに進む今年は、ストレスとは無縁の一年です。伸び伸びと、思い悩むこともなく過ごすことができるでしょう。体を動かすことも楽しく感じられ、体力アップのために新たにスポーツをはじめてみるのもよさそうです。

病気の心配はありませんが、来年からはじまる〝大殺界〟を前に、今年のうちに人間ドックなどで徹底的にトラブルを見つけ出し、メンテナンスをしておきましょう。

霊合星の火星人(－)

◆全体運

メイン：財成 ＋ サブ：緑生

2024(令和6)年

メインの運気が【財成】、サブが【緑生】というダブルの好運気の今年は、何をしてもうまくいく一年です。以前からの夢を叶えるのはもちろん、ふと思いついたことがすぐに実現したり、着手したばかりのことがトントン拍子に進んだりしそうです。

いつもは気まぐれで、人を巻き込んでおきながら自分は飽きてしまい、ほかのことに目移りすることもあるあなた。ですが今年は、強い意志を持って最後までやり抜こうという気持ちがわいてきます。あなたの変化に周囲の人が抱く印象も一変。信頼感がいっそう強まり、思ってもみなかった協力が得られる可能性もありそうです。

サブの水星人の持つ強い財運の影響を受け、さらにメインの運気は経済的に恵まれる【財成】なので、今年は金運が絶好調。ひと財産築くことも可能です。投資や不動産など、思い切って大きな買い物をするのにも今年は適しています。

ただし、お金に執着してはいけません。これと決めたことは簡単に手放さないあなたですから、財産にこだわるとほかの大切なものが見えなくなってしまいます。いまある大切なものを育てながら、好運気を楽しみましょう。

◆恋愛・結婚運　2024(令和6)年

親しみやすさが出てモテ期到来！

人見知りで簡単には心を開かないあなたは、人の心を捉えて離さない魅力があるにもかかわらず、どこか近寄りがたい雰囲気を漂わせています。

しかし、好運気が重なる今年は親しみやすさがわいてくるので、周囲からの誘いが後を絶たず、モテ期が到来しているのを実感できるでしょう。こうしたときこそ得意の観察力を発揮し、あなたがピンとくる人を探し出してください。

【シングル】

好運気が到来している今年のあなたは、多くの人からの誘いが絶えません。出会いの場でも注目を集めるので、素直な気持ちで人と接してみましょう。

今年は観察力も冴えているので、あなたにピッタリな人とめぐり合える可能性も高そうです。出会いの場には積極的に顔を出すのがいいでしょう。

【恋人あり】

今年の決断は、のちに大きな実を結ぶことになりそうです。恋人との結婚を夢に描いているなら、相手の運気をきちんと調べたうえで、今年は実行に移すチャンスです。もしいまの相手と別れを考えているなら、答えを出してもいいでしょう。今年はあなたにとって最適な相手とめぐり合える運気なので、すぐに次の出会いがありそうです。

【既婚者】

パートナーとの仲も絶好調のこの時期は、マイホームの購入やリノベーションにも適しています。理想の物件が安く手に入ったり、優良な業者にも出会えたりしそうです。いつもよりもリッチな旅行に出かけるのもいいでしょう。日頃の感謝の気持ちを込めてプレゼントを渡すと、あなたを献身的にサポートしてもらえそうです。

【再婚】

再婚を考えている人は、今年はすぐに行動を起こしてください。まずは相談所等に登録し、どんな人とこれからの人生を歩んでいきたいのかを明確にしましょう。

今年モテ期のあなたは、思い描いたような相手を引き寄せることができます。相手の心に刺さるような多少強気なアプローチも効果がありそうです。

◆家庭・人間関係運　2024(令和6)年

積極的なコンタクトが開運のカギ

普段は自分の世界に他人が入り込むのを好まないあなたですが、今年は立場や業種が違う人とも積極的にコミュニケーションを取るようにしましょう。

今年のあなたは、いつもなら受け付けない、自分とは異なる価値観や考え方の持ち主とも穏やかに接することができます。この時期に築いたご縁は、あなたが窮地に陥ったときに強力な支えとなって、あなたをサポートしてくれるでしょう。

◆金運　2024(令和6)年

金銭面での実りが大いに期待できる

今年のメインの運気は、何をしてもお金に結びつく【財成】なので、金銭面での実りが大いに期待できそうです。衝動的に買い物がしたくなるかもしれませんが、あなたの内面の充実に繋がるようなお金の使い方を心がけましょう。

欲しかったものをプレゼントされたり、豪華な食事に誘われるなど、嬉しい出来事も多そうです。その際は、感謝の気持ちをきちんと伝えるようにしてください。

◆仕事・勉強運

2024（令和6）年

自分のペースで進められ、好調を保てる

運気が好調な時期ほど、気を緩めずに取り組むことが大切です。細心の注意を払って一つひとつじっくり取り組んでいけば、大きな成果が得られるに違いありません。今年は自分のペースで進めることができるので、集中力も上がるでしょう。

昨年から新しい仕事に就いた人は、独り立ちの時期も近いでしょう。ただし、そうしたときほど気が緩みやすいので、緊張感を失わないようにしてください。

◆健康運

2024（令和6）年

日常的にできる運動を取り入れて

運気が良い今年は、快調な毎日を過ごすことができるでしょう。少しぐらい忙しくても、ストレスを感じることはありませんし、週末にリカバリーもできそうです。

ジムに通う時間が取れない場合は、エレベーターやエスカレーターに乗るのをやめて、階段を使ったり、ひと駅分は歩くなどして、日常的に運動を取り入れるようにしてください。そうすることで心身ともにパワフルに活動できるでしょう。

霊合星の天王星人（＋）

2024（令和6）年

◆全体運　メイン：停止＋サブ：達成

　メインが〝大殺界〟のど真ん中【停止】で、何をしようにも八方塞がりといった事態に陥ります。ところが、サブは最高の運気の【達成】なので、思わぬところで形勢が逆転し、話が一気に進みはじめることもあるかもしれません。良いことと悪いことが入り交じる霊合星人特有のジェットコースターのような運気に、今年のあなたは翻弄されてしまうこともありそうです。

　〝大殺界〟の時期は、あなたの弱点が表に出やすくなる傾向があります。天王星人はけじめをつけたり、筋を通すことが苦手ですから、今年はそうした点が浮き彫りになりやすいということを念頭に置いておきましょう。特に恋愛関係はトラブルに発展しやすいので、心当たりがある人は早めに関係の解消をしてください。

　今年、重大な決断を求められたら、優柔不断な性質は封印し、好き嫌いで選ぶのではなく、どちらが理屈にかなっているのかを現実的に考えるようにしましょう。

またいつも以上に人の意見に左右されやすくなるので、自分の意見をしっかりと固めておく必要があります。冷静な判断で今年を乗り切りましょう。

◆恋愛・結婚運　２０２４（令和６）年

胸がときめくような出来事に期待

昨年は恋を楽しむような気分ではなかった人も多いかと思いますが、今年は胸がときめくような出来事や、デートの約束が待ち遠しいというようなことがありそうです。それはサブの運気【達成】がそうさせるのですが、メインはあくまでも〝大殺界〟の【停止】だということを忘れてはいけません。どんなに意気投合しても、知り合ったばかりの人と深い関係になることは禁物です。

【シングル】

今年は心がときめくような出会いがあなたを待ち受けている予感です。楽しいおしゃべりから、デートの約束を取りつけるようなことがありそうです。

ただ、出会ったばかりの人と急接近して、深い関係になるのはやめておきましょう。

本気の恋愛でないのなら、ズルズルと会い続けるのもNGです。

【恋人あり】

恋人以外の人に目移りしてしまうことがありそうです。なぜだか他人の恋人がとても素敵に見えてしまいますが、それはメインの〝大殺界〟の影響による一時の気の迷いです。深入りする前に冷静に状況を把握し、気持ちをクールダウンさせましょう。

この時期は思いつきやはずみでの同棲や入籍も、絶対にやめてください。

【既婚者】

パートナーの頼れる一面を見て惚れ直したりする一方で、急に一緒にいることが退屈に感じてしまうこともあるかもしれません。こういう時期は外に刺激を求めたくなりますが、メインの運気は〝大殺界〟です。恋愛に対してルーズな一面が顔を出しやすいので、今年は目立ったことはせず、おとなしく過ごす方がいいでしょう。

【再婚】

理想の相手とめぐり合ったと思い、再婚を焦りたくなる衝動にかられます。ですが、今年のあなたは判断力が低下していると心に刻んでおきましょう。

楽しいお誘いやデートの約束も多いのですが、本命ができたらほかの人はきちんとお断りすることが重要です。優柔不断な態度では、せっかくの本命が逃げてしまいます。

◆家庭・人間関係運　2024（令和6）年

何事も安請け合いはしないこと！

誰からも頼られ、人を助けることが苦にならないあなたですが、フットワークが鈍い今年は「口先だけの人」と非難されてしまうこともありそうです。中途半端な口出しはせず、まずは自分のやるべきことをきちんと果たしましょう。

また、信頼していた人から裏切られるようなこともあるかもしれません。感情的になるとあなたの評価が下がるので、冷静に振る舞うことが大切です。

◆金運　2024（令和6）年

本当に必要なものだけ買うように

運気が最も低下する【停止】と最高潮の【達成】という両極端の運気が組み合わさっている今年は、金銭面でもプラスとマイナスの落差が激しくなりそうです。リッチな食事に招待されたり、懸賞で豪華な賞品が当たったりしたかと思えば、予想外の出費が相次ぎ、生活費に困るような事態に陥るかもしれません。基本は楽観的に構えていて大丈夫ですが、買い物をする前に、本当に必要なものなのかを考えるようにしましょう。

◆仕事・勉強運 2024(令和6)年

ペースが乱れてもやるべきことに集中

ハイペースで進んでいると思ったら、何かの拍子にガクンと落ち込むなど、感情の乱れが大きくなりがちです。集中力も長続きせず、仕事や勉強のペースが乱れがちですが、まずは自分がやるべきことに気持ちを傾けてください。

サブの【達成】の影響で、いろいろなことを引き受けたくなりますが、どれも中途半端に終わってしまうので、安請け合いは禁物です。

◆健康運 2024(令和6)年

精神的なダメージはうまく切り替えて

もともと楽天家で気分転換も上手な天王星人がメインなので、精神的なダメージを受けてもうまく切り抜けることができそうです。

なあなあで物事を進めてしまうところがあるので、体に何か不調を感じても、そのままにしてしまうのが心配です。体調に異変を感じたら早々に人間ドックを予約し、徹底したチェックを受けるようにしましょう。

霊合星の天王星人（－）

2024（令和6）年

◆全体運

メイン：陰影 ＋ サブ：健弱

何かにつけて楽天家の天王星人ですが、メインは〝大殺界〟の【陰影】、サブは〝小殺界〟の【健弱】という運気の今年は、気を引き締めた方がいい一年になるでしょう。少しでも気を緩めていると、事態はたちまち悪い方向に動きはじめます。

よかれと思ってしたことがうまくいかないどころか、とんでもない非難を浴びて、精神的にひどく落ち込む原因になる可能性があります。バックアップしてくれると思っていた人が、手のひらを返したように冷たい態度を見せるなどもありそうです。その結果、人間不信に陥ることも考えられます。

だからといって相手を非難したり、離れていこうとする人を繋ぎ止めようと躍起になるのは逆効果。今年は自分だけでどうにかしようとしたり、周りを引っ張っていこうなどと考えないことです。流れに身を任せながら、どんなことにも慎重な姿勢で誠実に向き合うようにしてください。

結婚や独立、転職など、大きく環境が変わるようなことは、メインの運気が〝大殺界〟を抜ける2027年までは控えておくのがいいでしょう。

◆恋愛・結婚運　2024(令和6)年

恋愛のルーズさが波瀾を呼び寄せる

ただでさえ恋愛面でルーズなあなたが、〝殺界〟の影響をダブルで受ける今年は、ひと波瀾もふた波瀾もありそうです。日頃のストレスから大切な人に暴言を吐いてしまったり、気持ちの弱さにつけ込まれて泥沼に引き込まれたりする恐れもあります。兎にも角にも、今年は自分にとって何が大切なのかを明確にしておきましょう。さもないとあなたが築き上げてきたものを、一瞬でなくすことになりかねません。

【シングル】

今年はあなたにとって、マイナスに作用するような出会いが待ち構えている予感です。人を見る目が曇っているのに加え、恋愛面のルーズさがたたり、危険な恋愛に引きずり込まれることも考えられます。トラブルの種を増やさないためにも、寂しさから一時の感情に流されないように注意しましょう。

【恋人あり】

もし恋人との同棲や入籍を考えているなら、保留にしてください。相手の運気が良くても、入籍はメインの運気が〝大殺界〟を抜ける3年後まで待つのが賢明です。

恋人以外の人に目移りする可能性もありますが、あなたの大切な人を傷つけることになります。一時の感情に流されることなく、冷静な判断を心がけましょう。

【既婚者】

甘い誘惑が多い一年です。人のパートナーが素敵に思えたり、刺激的な恋愛に惹きつけられたりすることもありそうです。ですが、それらはすべてあなたにとってマイナスです。気の迷いから、抜け出すのが困難な泥沼にはまるのは目に見えています。今年の不貞行為は、パートナーにすぐにバレるということを肝に銘じておきましょう。

【再婚】

本来なら、あなたが振り向きもしない人に本気になったり、訳ありの人に情熱を傾けることも考えられます。今年から3年間は再婚に適していないので、じっくりと自分と向き合う時間に充《あ》ててください。寂しさや人恋しさから再婚したい気持ちは高まりますが、今年の決断はあなたにとって良くない結果を招きかねません。

◆家庭・人間関係運　2024（令和6）年

自信を失い行動力や判断力も低下

優柔不断なあなたの性格が、より強調される一年になりそうです。大事なことを目の前にしてもなかなか判断できないあなたに、周囲は呆れてしまいそう。そのため自信を失い、行動力まで低下してしまいます。

待ち合わせに遅れたり、うっかりミスで迷惑をかけたりしたときは、素直に謝ってください。あなたの態度次第で周囲の評価が変わっていくことを学びましょう。

◆金運　2024（令和6）年

お金のルーズさが露呈し出費がかさむ

何事にもルーズな天王星人ですが、今年はお金に対しても、その側面が出てしまいそう。何の苦労もなく過ごせた昨年から一転、知らず知らずのうちに出費がかさむ今年は、年初から気を引き締めてかかる必要があります。たいした金額ではないからと無計画にお金を使っていると、気が付いたときには家計を圧迫する事態に。買い物をしてから理由をつけて正当化するのではなく、現実を見つめましょう。

◆仕事・勉強運 2024（令和6）年

はかどらない状況にストレスが溜まる

集中力が乏しく、やる気がわいてこない今年。いくら時間をかけても、仕事も勉強も思うようにはかどらないので、ついグチが出てしまうこともありそうです。しかし、そうした不満は胸にしまい、目の前の課題を黙々とこなしてください。そうすることで忍耐力を養うことができるでしょう。サブの土星人の性質は几帳面さです。今年はその性質にフォーカスして取り組むようにしましょう。

◆健康運 2024（令和6）年

小さな病気でも必ず完治させること

基本的な体力が低下しているので、風邪を引きやすくなったり、いつまでも疲れが抜けなかったりといったことがありそうです。中途半端な状態で復帰しても、かえって周囲に迷惑をかけることになるので、些細《ささい》な病気でも必ず完治させてからにしましょう。ケガにも注意が必要です。完治まで長引いたり、体全体のバランスを崩すなど、先々まで悪影響を及ぼす心配があります。余裕を持った行動を心がけましょう。

霊合星の木星人（＋）

◆全体運 メイン：種子＋サブ：再会 2024（令和6）年

昨年までの3年間はメインの運気が〝大殺界〟だったため、思うように動けなかったこと、やりたくても手が出せなかったことが多かったはずです。勤勉な木星人がベースのあなたは、その間も自分の夢や目標に向かって努力を怠らなかったことでしょう。

今年はメインの運気が【種子】、サブの運気が【再会】と、新しいことをはじめるのに相応しい好運気がめぐってきました。

自分の進むべき道について決めかねていた人も、目の前に立ち込めていた霧がスッと晴れたかのように迷いがなくなり、自信とともに新たな意欲がわいてきます。

何事も手堅く慎重に進めようとする木星人の気質に加えて、金星人の行動力も持ち合わせているので、今年スタートさせたことはいずれ大きく発展するに違いありません。仕事や勉強、趣味や習い事に集中できるのはもちろん、結婚や引っ越し、マイホームの購入など、あなたの人生に関わることでチャンスも訪れそうです。

大きな決断は勇気がいりますが、今年のあなたはダブルの好運気のサポートを受けています。勇気を持ってあなたの人生を前進させてください。

◆恋愛・結婚運　2024（令和6）年

オープンな心で出会いのチャンスが倍増

ほかの星人に比べて恋愛に対して奥手な木星人ですが、金星人の影響を受ける霊合星人のあなたは、恋に対してオープンな考えを持っています。そのうえ、運気にも恵まれている今年は、これまで以上に積極的になれるでしょう。誰に対しても心をオープンにして、チャンスを摑みましょう。

今年は新しい出会いがキーワード。頭に入れておきましょう。

【シングル】

恋愛に慎重なあなたですが、今年は多くの出会いが待ち受けています。友達や同僚から誘われたら必ず顔を出し、心をオープンにして接してください。

いつになく積極的になれる運気なので、気になった人にあなたから声をかけてみるのもいいでしょう。きっといい返事が聞けて、楽しい時間を過ごせるでしょう。

【恋人あり】

倦怠期を迎えていたカップルは、新鮮さを取り戻すチャンスが訪れそうです。いままで行ったことのないところ、はじめての体験など、一緒に新しい経験をすることで恋人の良さを再確認することができるでしょう。結婚を考えているカップルは、あなたの素直な気持ちを伝えて、準備に取り掛かるのもおすすめです。

【既婚者】

パートナーとの間に問題を抱えていた人は、解決の糸口が見つかりそうです。相手に対して不満が溜まっていた人も、冷静に伝えることができ、あなたの考えを受け入れてもらえそうです。今年はマイホームの購入やリノベーションなどにも適しています。予想以上の物件にめぐり合え、理想の生活をスタートさせることができそうです。

【再婚】

いままで再婚に対して慎重になっていた人も、今年は積極的になれそうです。軽い気持ちで登録した相談所で理想の人と出会えるなど、ほんの少しの勇気があなたに幸運を引き寄せてくれそうです。展開を急ぐのではなく、一歩一歩着実に関係を深めていくと、確かな幸せに導かれていくのを実感できるでしょう。

◆家庭・人間関係運　2024（令和6）年

自然と会話の中心に入れて楽しめる

普段は自分から人の輪に入っていったり、話題を提供したりする方ではありませんが、好運気が重なる今年は、いつの間にか自然と話題の中心になっているでしょう。たくさんの人と触れ合うことで、あなたに有益な情報も手に入りそうです。

そして金星人の明るさや華やかさもプラスされ、苦手だった人付き合いもスムーズに進むので、今年はおおいに交流を深めて楽しいひと時を過ごしてください。

◆金運　2024（令和6）年

3年振りに蓄財のチャンスが到来

昨年までの3年間は予定外の出費が重なったため、貯金も目減りしていたかもしれません。今年は好運気が重なり合う霊合星人の特性も活かして、蓄財ができそうです。無計画な買い物で散財したり、怪しい投資話に引っかかったりすることもありません。価値のあるものを安く手に入れられたり、マイホームの購入をしたりするのにも適しています。今年は大きな買い物の決断をしてもいいでしょう。

◆仕事・勉強運

人からの頼まれごとから新たな展開が 2024（令和6）年

たとえ自分の仕事には無関係に思えることでも、頼みごとを持ちかけられたら二つ返事で引き受けてください。それがきっかけで仕事の取り組み方が変わったり、人脈が広がったりすることもありそうです。また、自分の眠っていた才能を発見したり、そこから新しい道が拓けたりすることもあるでしょう。今年はじめたことはどんどん身に付いていくので、夢の実現に向けて貪欲に学んでください。

◆健康運

睡眠の質が良くなり疲労感も解消 2024（令和6）年

今年は睡眠の質が変わるので、去年までと同じ時間しか眠れなくてもスッキリと目覚めることができ、慢性的な疲労感も解消できるでしょう。

昨年、具合を悪くして治療をはじめた人は、今年も続けてください。少し調子がよくなってきたからといって、勝手に薬や通院をやめてしまってはいけません。医師のお墨付きをもらうまでは、養生することが大切です。

霊合星の木星人(－)

◆全体運

メイン：減退 ＋ サブ：乱気

2024(令和6)年

メイン【減退】、サブ【乱気】と〝大殺界〟と〝中殺界〟が重なっているため、今年は身動きが取れない事態に遭遇しそうです。何かと横やりや邪魔が入るので、ペースは乱れっぱなし。そのためストレスも深刻なものになりそうです。集中力も欠けるため仕事や勉強では思うような成果を上げることができず、不本意な一年になるでしょう。

恋愛はもちろん、職場や近所でもあなたの言動が何かにつけて悪く受け止められたり、誤解を招く事態になったりしやすいのも覚悟しておきましょう。針のむしろのような状態になり、逃げだしたくなるかもしれませんが、そうすると状況はますます悪化するばかりですから、我慢に徹することが賢明です。

何事にも慎重な木星人がベースですが、いまは入籍や引っ越し、転職など環境を大きく変えることを避け、やるべきことに集中してください。大きなお金を動かすことも厳禁です。今年は年間を通してこのような運気ですが、試練のときと心得、ひたすらじっと耐えるしかありません。しかし、それを耐え抜くことさえできれば、人間として大きく成長でき、あなたの魅力はより深く、輝きも増すはずです。

◆恋愛・結婚運　2024（令和6）年

軽いノリで深い関係に陥らないように

いつもであれば、きちんと段階を踏んで愛を育てていきたいあなたですが、今年はサブの金星人の性質が悪い方向に暴走し、軽いノリで深い関係になってしまうかもしれません。好運気の場合は結婚まで話がトントン拍子に進むこともありますが、今年は課題が山積みです。特に2月、8月は、望まない妊娠や病気などに要注意。後悔してからでは遅いので、気持ちの浮つきを抑えて慎重に行動しましょう。

【シングル】

出会いの場に行くことすら億劫に思ってしまうあなたですが、今年は人恋しさが募り、初対面の人にも積極的になることもありそうです。

しかし、この時期の出会いはあまり期待できず、あなたの理想とかけ離れている場合が大半です。危ない橋を渡る前に、いつものあなたらしく慎重さを忘れずに。

【恋人あり】

まだ結婚を考えられない相手との妊娠や、思わぬ病気などが考えられます。将来をともにすることが考えられない相手とは、距離を取るなどした方がよさそうです。また、交際している相手と急に同棲や入籍をしたい衝動に駆られることも。思いつきで進めてしまうと後悔する結果しか残らないので気を付けましょう。

【既婚者】

いつもは不倫などの危険な恋に無縁なあなたも、今年はその当事者になってしまうことがありそうです。日頃のストレスを発散させようと、心が外に向かいがち。一時の気の迷いであなたが大切にしてきたものを棒に振ってしまうこともあります。今年は刺激よりも心の安らぎを求めて、暴走しそうになる気持ちを抑えるようにしましょう。

【再婚】

今年出会った人との再婚に踏み切りたくなりますが、今年の入籍はおすすめできません。あなたがリードする形で関係を深めたくなるかもしれませんが、まずは自分と相手が同じ気持ちなのかを考えてみましょう。来年になると運気も良くなるので、今年は友達として関係をキープし、来年を迎えてから深めていくのがいいでしょう。

◆家庭・人間関係運　2024(令和6)年

相手の挑発に乗らず忍耐を覚える一年に

身に覚えのないことで言いがかりをつけられたり責任を取らされたりして、人間不信に陥る心配があります。相手のあまりに勝手な言い草に、思わず言い返したくなりますが、挑発に乗ってしまっては相手の思うツボです。

どんなに嫌な思いをしても、今年の経験があなたを人間的に成長させてくれるのだと自分に言い聞かせ、いまは忍耐力を養うときだと気持ちを切り替えてください。

◆金運　2024(令和6)年

衝動的な物欲を抑えられず散財の危機

普段は理性的に行動するあなたですが、今年はダブルの〝殺界〟の影響をダイレクトに受け、欲しくもないものに対しても手に入れたい衝動を抑えられなくなります。使いもしない高価なアクセサリーを買ったり、ホストクラブやキャバクラにはまったり、それが原因で家族との間に亀裂が入ったりする恐れもあります。必要最低限の現金しか持ち歩かず、カード類も封印するのが唯一の回避方法でしょう。

◆仕事・勉強運　２０２４（令和６）年

なかなか出ない成果にイラ立つことも

一度決めたはずの目標に迷いが出たり、成果がすぐに表れないことにイラ立ちを覚えたりと、仕事や勉強になかなか身が入りません。それどころか、うまくいかない状況を他人や環境のせいにしようとしてしまいます。

だからといって慌てて転職したり、目標を引き下げたりしてはいけません。いまは何があっても辛抱あるのみ。悩みは周りの好運気の人に相談して解決しましょう。

◆健康運　２０２４（令和６）年

疲れが溜まり不調をきたす兆し

メインもサブも運気が〝殺界〟ですから、疲れが溜まったり、体に不調をきたしてもおかしくありません。仕事や勉強に追われる今年は、健康のことまで気がまわらなくなりそうです。せめて年に一度は、全身くまなく検査を受けてください。

仕事が山積みだからといって、残業や休日出勤は考えものです。オンとオフの切り替えをハッキリとつけ、せめて気持ちだけはせわしくならないように気を付けましょう。

霊合星の水星人（＋）

◆全体運 メイン：立花 ＋ サブ：安定

2024（令和6）年

今年はメインが今後の基本的な方向を決定づける【立花】ですから、長期的なプランを視野に行動しましょう。将来、独立したいと思っている人は、今年からその準備をはじめてください。いまの環境で頑張りたいと思っている人も漠然と過ごすのではなく、5年、10年かけてでも達成したい目標を決めておくことです。

結婚や理想の家庭像について考えておくのもいいでしょう。いまの境遇に納得がいかない、自分の性格に合っていないと感じている人は、そこから抜け出すために思い切って動きはじめるチャンスです。不思議と助っ人が現れ、あなたをサポートしてくれます。

サブの運気は【安定】なので、このタイミングで目標が定まれば自然とそちらへ向かうのはもちろん、将来〝殺界〟に入ったときも、進むべき方向に迷うことはなさそうです。

今年はダブルの好運気の影響を受けるので、あらゆることに積極的に取り組んで構いません。ただし、メインの運気【立花】は〝殺界〟の力を強めるので、月運がメイン、サブともに〝殺界〟となる1月、5月、7月、11月はペースを落としてください。それ以外の月は、あなたの望みが叶うように精一杯努力をし、楽しい時間を過ごしましょう。

◆恋愛・結婚運　2024(令和6)年

華やかな恋愛を楽しめる一年

今年の恋愛は、あなたを楽しませてくれることになりそうです。高嶺の花のような存在で近づくことができなかった人や、恋愛観の違いから諦《あきら》めていた相手に急接近することも。恋の楽しさを満喫できる一年になるでしょう。

セックスを恋愛のゴールと考えていた人も、今年は心の触れ合いや人間性を高め合うことを考えてください。あなたの魅力がいっそう輝くものになるに違いありません。

【シングル】

あちこちから声がかかり、楽しい出会いに恵まれます。いつもなら絶対に手が届かない相手と食事を一緒にしたり、深い関係になったりすることもありそうです。

今年は好運気の影響を受けて、あなたの魅力がいっそう際立ち、輝きも増します。年内に恋人を作るつもりで精力的に動きましょう。

【恋人あり】

来年はメインの運気が〝小殺界〟、サブが〝大殺界〟と、運気が大幅に低下してしまうので、恋人との結婚を考えているなら、相手の運気を調べたうえで年内に踏み切るのもいいでしょう。今年の結婚は、幸せな未来が待ち受けています。

恋人との関係を終わらせたい人は、早めに関係を清算し、新しい人を探しましょう。

【既婚者】

パートナーとの関係も良好で、相手の考えていることが手に取るようにわかります。日頃から感謝の気持ちを口にして、愛情を深めていきましょう。

今年は不動産の購入にも適しています。パートナーと相談のうえ、憧れのマイホームの購入に踏み切るにも良い時期です。理想の物件にめぐり合えるでしょう。

【再婚】

来年からサブの運気が〝大殺界〟に入ってしまうので、相手がいる人は今年のうちに再婚に踏み切ってしまうのもよさそうです。まずは相手の運気をチェックし、あなたの気持ちを伝えてみてください。きっといい返事がもらえるでしょう。

また今年は人生のパートナーになりうる人との出会いも期待できます。

◆家庭・人間関係運　2024（令和6）年

相手に甘えることで関係が好転

「自分は自分、人は人」という水星人ならではの考え方がベースにあるあなた。それが周囲にはクールに映ってしまい、友人や同僚達ともう一歩踏み込んだ付き合いに発展しないことも少なからずあったでしょう。

好運気が重なっている今年は、ちょっとした用事を頼んだり、手伝ってもらったりするなど、相手に甘えてみてください。それがきっかけでネットワークが広がりそうです。

◆金運　2024（令和6）年

今年得たものが今後の経済の基盤に

今後の進むべき方向を決定づけるだけでなく、この時期に得たものは生涯にわたる経済基盤となります。今年は会社を興《おこ》したり、マイホームの購入などをすると、いずれ精神面や金銭面で大きな支えになるでしょう。

ただし、お金儲けばかりに心を奪われてしまうと、人間関係が疎《おろそ》かになってしまいます。ときには自分の行動を振り返り、軌道修正を図ることも大切です。

◆仕事・勉強運

2024(令和6)年

知識や経験が活かせ、大きな成果に

昨年に引き続き、今年も好調の波に乗ることができるでしょう。見たり聞いたりしたことすべてが仕事に結びつき、問題を解決するヒントになったり、新しいアイデアを生むきっかけになってくれるでしょう。

いままで蓄積してきた知識や経験がすべて活きるので、大きな仕事の成果を上げられるだけではなく、諦《あきら》めていたこともクリアすることができるでしょう。

◆健康運

2024(令和6)年

睡眠時間をきちんと確保すること

すべてが良い方向に向かっているので、気疲れやストレスを溜め込む心配もないでしょう。責任の重い仕事や目標に向かって没頭していると、時間が過ぎるのを忘れてしまい、睡眠不足や運動不足になりがちです。特に5月、11月は注意しましょう。

ヨガやストレッチなど、自然な動きで体のバランスを整える運動がおすすめです。歩き方や姿勢がよくなり、スタイルの変化も実感できるようになるでしょう。

霊合星の水星人(－)

2024(令和6)年

◆全体運 メイン：緑生 ＋ サブ：財成

今年はメインが人生の芽を育てる【緑生】、サブが水星人の大きな特徴である財運を強めてくれる【財成】ですから、経済的に恵まれる一年になるでしょう。

仕事では提案した企画がすべて大当たりし、職場で欠くことのできない存在になるでしょう。その活躍ぶりが高く評価され、他社からの引き抜きの話が舞い込んだり、独立を持ちかけられたりするかもしれません。

ただし、お金儲けに気を取られすぎると、人付き合いが後回しになり、人間関係が希薄になりがちに。仮に恋人やパートナーがあなたから離れてしまっても、まったく気にならないといった懸念もあります。いくら経済的に豊かになっても、一緒に喜んだり、楽しめたりする人がいないのでは味けない人生になってしまいます。

好運気の時期だからこそ、あなたの人生を豊かにするための友人、パートナーの存在を大切にする気持ちを持ってください。結婚に縁の薄い水星人の性質をメインに持つあなたは、私生活の充実を図るために必要な行動を起こしましょう。今年のそんな行動はあなたに良い結果をもたらしてくれそうです。

◆恋愛・結婚運　2024（令和6）年

恋愛にまつわる感情を存分に味わえる

胸をときめかせたり、ときには切ない思いをしたり、恋にまつわる感情を存分に味わうことができる一年です。恋愛に対する考え方や発展の仕方は、相手によってさまざまです。すぐに体の関係を持ちたくなりますが、ひとりよがりにならないように。

仕事や勉強で忙しい毎日を過ごしがちですが、恋愛を楽しむ時間を持つことも大切です。意識的に時間を作り、人生を豊かにするような恋愛をしてください。

【シングル】

今年は身を固めるチャンスの年です。真剣に出会いを求め、年内に恋人を作るつもりで積極的に行動を起こしましょう。そして、いざピンとくる人に出会えたら、あなたからアプローチを仕掛けてください。条件やルックスにこだわることなく、あなたの心がしっくりくる相手にターゲットを絞ることが大切です。

【恋人あり】

結婚と縁が薄い水星人にとって、今年は結婚の最大のチャンスです。恋人との結婚を考えているなら、相手の運気をチェックしたうえで一気に話を進めてみましょう。

仕事が忙しいからといって、恋人との時間を疎《おろそ》かにすると、そっぽを向かれる恐れもあります。どんなに忙しくても、恋人との時間をきちんと確保するように。

【既婚者】

パートナーと将来のことを真剣に話すのにいい一年です。不動産購入にも適しているので、憧れだったマイホームを手に入れるのもいいでしょう。

忙しいあなたの心を癒やしてくれるパートナーの存在に感謝の気持ちを示し、いつもより高額なプレゼントを渡してみてください。より深い絆で結ばれます。

【再婚】

再婚を諦《あきら》めていた人も、今年は大きなチャンスに恵まれます。相談所に登録してすぐに最良の相手とめぐり合えたり、トントン拍子に話が進むこともありそうです。

あなたの人生に彩りをくれる存在は、心身ともに豊かな生活を送るうえでは欠かせません。仕事と同じ熱量で、今年は真剣に人生の伴侶探しに取り組みましょう。

◆家庭・人間関係運　2024（令和6）年

周囲から好意的に受け入れられる

運気の悪いときは独善的で自分勝手な人と思われてしまうこともありますが、好運気の今年は、信念を持ったブレない人と好意的に受け止められるでしょう。あなたの鋭い意見が共感を呼び、周りからアドバイスを求められるようになりそうです。

周囲の人との関わりも変わってきそうです。あなたとは違う意見も受け入れることができ、そんな柔軟な態度がより人から好感を呼びそうです。

◆金運　2024（令和6）年

運気の追い風を受け金運絶好調の一年

生まれながらに財運に恵まれている水星人が、物事が成長する【緑生】、そしてやることすべてがお金に結びつく【財成】という好運気の追い風を受けるので、今年は経済的に恵まれる一年になるでしょう。

ただし、「お金」か「友情」かといった、究極の選択を迫られることがあるかもしれません。その際は、あなたの人生を豊かにしてくれる方を選ぶようにしましょう。

◆仕事・勉強運　2024(令和6)年

転職や独立の道が拓け、大きく飛躍

自分では仕事のことを忘れてリラックスしているつもりなのに、何かの拍子に新しいアイデアがわいてくるような一年です。それが単なる思い付きで終わらず、きちんとした企画になる可能性が高く、昇格や昇進、異動はもちろん、転職や独立という新しい道も拓けそうです。あなたの人生が大きく飛躍する一年になるので、少しでも無駄を省き、集中できる環境作りにも目を向けてください。

◆健康運　2024(令和6)年

気力・体力ともにパワフルで充実

何をしても自分の望む方向に進み、気力、体力ともに充実しているときなので、健康面での不安はありません。こうした時期は、基礎体力アップに努めましょう。

これまで長い年月をかけて持病の治療に取り組んできた人は、その努力が実を結びそうです。食生活や飲酒、喫煙などの生活習慣の見直しを忘れず、毎日の運動を習慣づけて、心身ともに健康的な状態を保ちましょう。

霊合星「土星人」の運命カレンダー

2023年10月～2024年12月

●運命カレンダーの見方

土星人(＋)と(－)で、霊合星に当たる人の毎日の運気がわかります。■で示した部分は、注意が必要です。なお、運気の表示の左側がメインの運気、右側がサブの運気になっています。

2023年　立・安
土星人(－)年運

12月 減・乱	11月 停・達	10月 陰・健	月/日 月運
達・停	停・達	健・陰	1
乱・減	減・乱	達・停	2
再・種	種・再	乱・減	3
財・緑	緑・財	再・種	4
安・立	立・安	財・緑	5
陰・健	健・陰	安・立	6
停・達	達・停	陰・健	7
減・乱	乱・減	停・達	8
種・再	再・種	減・乱	9
緑・財	財・緑	種・再	10
立・安	安・立	緑・財	11
健・陰	陰・健	立・安	12
達・停	停・達	健・陰	13
乱・減	減・乱	達・停	14
再・種	種・再	乱・減	15
財・緑	緑・財	再・種	16
安・立	立・安	財・緑	17
陰・健	健・陰	安・立	18
停・達	達・停	陰・健	19
減・乱	乱・減	停・達	20
種・再	再・種	減・乱	21
緑・財	財・緑	種・再	22
立・安	安・立	緑・財	23
健・陰	陰・健	立・安	24
達・停	停・達	健・陰	25
乱・減	減・乱	達・停	26
再・種	種・再	乱・減	27
財・緑	緑・財	再・種	28
安・立	立・安	財・緑	29
陰・健	健・陰	安・立	30
停・達		陰・健	31

2023年　健・陰
土星人(＋)年運

12月 種・再	11月 減・乱	10月 停・達	月/日 月運
乱・減	減・乱	達・停	1
再・種	種・再	乱・減	2
財・緑	緑・財	再・種	3
安・立	立・安	財・緑	4
陰・健	健・陰	安・立	5
停・達	達・停	陰・健	6
減・乱	乱・減	停・達	7
種・再	再・種	減・乱	8
緑・財	財・緑	種・再	9
立・安	安・立	緑・財	10
健・陰	陰・健	立・安	11
達・停	停・達	健・陰	12
乱・減	減・乱	達・停	13
再・種	種・再	乱・減	14
財・緑	緑・財	再・種	15
安・立	立・安	財・緑	16
陰・健	健・陰	安・立	17
停・達	達・停	陰・健	18
減・乱	乱・減	停・達	19
種・再	再・種	減・乱	20
緑・財	財・緑	種・再	21
立・安	安・立	緑・財	22
健・陰	陰・健	立・安	23
達・停	停・達	健・陰	24
乱・減	減・乱	達・停	25
再・種	種・再	乱・減	26
財・緑	緑・財	再・種	27
安・立	立・安	財・緑	28
陰・健	健・陰	安・立	29
停・達	達・停	陰・健	30
減・乱		停・達	31

2024（令和6）年　土星人（＋）年運　達・停

12月 種・再	11月 減・乱	10月 停・達	9月 陰・健	8月 安・立	7月 財・緑	6月 再・種	5月 乱・減	4月 達・停	3月 健・陰	2月 立・安	1月 緑・財	月/日 月運
減・乱	乱・減	停・達	達・停	陰・健	立・安	安・立	緑・財	財・緑	種・再	財・緑	種・再	1
種・再	再・種	減・乱	乱・減	停・達	健・陰	陰・健	立・安	安・立	緑・財	安・立	緑・財	2
緑・財	財・緑	種・再	再・種	減・乱	達・停	停・達	健・陰	陰・健	立・安	陰・健	立・安	3
立・安	安・立	緑・財	財・緑	種・再	乱・減	減・乱	達・停	停・達	健・陰	停・達	健・陰	4
健・陰	陰・健	立・安	安・立	緑・財	再・種	種・再	乱・減	減・乱	達・停	減・乱	達・停	5
達・停	停・達	健・陰	陰・健	立・安	財・緑	緑・財	再・種	種・再	乱・減	種・再	乱・減	6
乱・減	減・乱	達・停	停・達	健・陰	安・立	立・安	財・緑	緑・財	再・種	緑・財	再・種	7
再・種	種・再	乱・減	減・乱	達・停	陰・健	健・陰	安・立	立・安	財・緑	立・安	財・緑	8
財・緑	緑・財	再・種	種・再	乱・減	停・達	達・停	陰・健	健・陰	安・立	健・陰	安・立	9
安・立	立・安	財・緑	緑・財	再・種	減・乱	乱・減	停・達	達・停	陰・健	達・停	陰・健	10
陰・健	健・陰	安・立	立・安	財・緑	種・再	再・種	減・乱	乱・減	停・達	乱・減	停・達	11
停・達	達・停	陰・健	健・陰	安・立	緑・財	財・緑	種・再	再・種	減・乱	再・種	減・乱	12
減・乱	乱・減	停・達	達・停	陰・健	立・安	安・立	緑・財	財・緑	種・再	財・緑	種・再	13
種・再	再・種	減・乱	乱・減	停・達	健・陰	陰・健	立・安	安・立	緑・財	安・立	緑・財	14
緑・財	財・緑	種・再	再・種	減・乱	達・停	停・達	健・陰	陰・健	立・安	陰・健	立・安	15
立・安	安・立	緑・財	財・緑	種・再	乱・減	減・乱	達・停	停・達	健・陰	停・達	健・陰	16
健・陰	陰・健	立・安	安・立	緑・財	再・種	種・再	乱・減	減・乱	達・停	減・乱	達・停	17
達・停	停・達	健・陰	陰・健	立・安	財・緑	緑・財	再・種	種・再	乱・減	種・再	乱・減	18
乱・減	減・乱	達・停	停・達	健・陰	安・立	立・安	財・緑	緑・財	再・種	緑・財	再・種	19
再・種	種・再	乱・減	減・乱	達・停	陰・健	健・陰	安・立	立・安	財・緑	立・安	財・緑	20
財・緑	緑・財	再・種	種・再	乱・減	停・達	達・停	陰・健	健・陰	安・立	健・陰	安・立	21
安・立	立・安	財・緑	緑・財	再・種	減・乱	乱・減	停・達	達・停	陰・健	達・停	陰・健	22
陰・健	健・陰	安・立	立・安	財・緑	種・再	再・種	減・乱	乱・減	停・達	乱・減	停・達	23
停・達	達・停	陰・健	健・陰	安・立	緑・財	財・緑	種・再	再・種	減・乱	再・種	減・乱	24
減・乱	乱・減	停・達	達・停	陰・健	立・安	安・立	緑・財	財・緑	種・再	財・緑	種・再	25
種・再	再・種	減・乱	乱・減	停・達	健・陰	陰・健	立・安	安・立	緑・財	安・立	緑・財	26
緑・財	財・緑	種・再	再・種	減・乱	達・停	停・達	健・陰	陰・健	立・安	陰・健	立・安	27
立・安	安・立	緑・財	財・緑	種・再	乱・減	減・乱	達・停	停・達	健・陰	停・達	健・陰	28
健・陰	陰・健	立・安	安・立	緑・財	再・種	種・再	乱・減	減・乱	達・停	減・乱	達・停	29
達・停	停・達	健・陰	陰・健	立・安	財・緑	緑・財	再・種	種・再	乱・減		乱・減	30
乱・減		達・停		健・陰	安・立		財・緑		再・種		再・種	31

2024(令和6)年　土星人(－) 年運　健・陰

12月 減・乱	11月 停・達	10月 陰・健	9月 安・立	8月 財・緑	7月 再・種	6月 乱・滅	5月 達・停	4月 健・陰	3月 立・安	2月 緑・財	1月 種・再	月/日 月運
停・達	達・停	陰・健	健・陰	安・立	緑・財	財・緑	種・再	再・種	滅・乱	再・種	滅・乱	1
滅・乱	乱・滅	停・達	達・停	陰・健	立・安	安・立	緑・財	財・緑	種・再	財・緑	種・再	2
種・再	再・種	滅・乱	乱・滅	停・達	健・陰	陰・健	立・安	安・立	緑・財	安・立	緑・財	3
緑・財	財・緑	種・再	再・種	滅・乱	達・停	停・達	健・陰	陰・健	立・安	陰・健	立・安	4
立・安	安・立	緑・財	財・緑	種・再	乱・滅	滅・乱	達・停	停・達	健・陰	停・達	健・陰	5
健・陰	陰・健	立・安	安・立	緑・財	再・種	種・再	乱・滅	滅・乱	達・停	滅・乱	達・停	6
達・停	停・達	健・陰	陰・健	立・安	財・緑	緑・財	再・種	種・再	乱・滅	種・再	乱・滅	7
乱・滅	滅・乱	達・停	停・達	健・陰	安・立	立・安	財・緑	緑・財	再・種	緑・財	再・種	8
再・種	種・再	乱・滅	滅・乱	達・停	陰・健	健・陰	安・立	立・安	財・緑	立・安	財・緑	9
財・緑	緑・財	再・種	種・再	乱・滅	停・達	達・停	陰・健	健・陰	安・立	健・陰	安・立	10
安・立	立・安	財・緑	緑・財	再・種	滅・乱	乱・滅	停・達	達・停	陰・健	達・停	陰・健	11
陰・健	健・陰	安・立	立・安	財・緑	種・再	再・種	滅・乱	乱・滅	停・達	乱・滅	停・達	12
停・達	達・停	陰・健	健・陰	安・立	緑・財	財・緑	種・再	再・種	滅・乱	再・種	滅・乱	13
滅・乱	乱・滅	停・達	達・停	陰・健	立・安	安・立	緑・財	財・緑	種・再	財・緑	種・再	14
種・再	再・種	滅・乱	乱・滅	停・達	健・陰	陰・健	立・安	安・立	緑・財	安・立	緑・財	15
緑・財	財・緑	種・再	再・種	滅・乱	達・停	停・達	健・陰	陰・健	立・安	陰・健	立・安	16
立・安	安・立	緑・財	財・緑	種・再	乱・滅	滅・乱	達・停	停・達	健・陰	停・達	健・陰	17
健・陰	陰・健	立・安	安・立	緑・財	再・種	種・再	乱・滅	滅・乱	達・停	滅・乱	達・停	18
達・停	停・達	健・陰	陰・健	立・安	財・緑	緑・財	再・種	種・再	乱・滅	種・再	乱・滅	19
乱・滅	滅・乱	達・停	停・達	健・陰	安・立	立・安	財・緑	緑・財	再・種	緑・財	再・種	20
再・種	種・再	乱・滅	滅・乱	達・停	陰・健	健・陰	安・立	立・安	財・緑	立・安	財・緑	21
財・緑	緑・財	再・種	種・再	乱・滅	停・達	達・停	陰・健	健・陰	安・立	健・陰	安・立	22
安・立	立・安	財・緑	緑・財	再・種	滅・乱	乱・滅	停・達	達・停	陰・健	達・停	陰・健	23
陰・健	健・陰	安・立	立・安	財・緑	種・再	再・種	滅・乱	乱・滅	停・達	乱・滅	停・達	24
停・達	達・停	陰・健	健・陰	安・立	緑・財	財・緑	種・再	再・種	滅・乱	再・種	滅・乱	25
滅・乱	乱・滅	停・達	達・停	陰・健	立・安	安・立	緑・財	財・緑	種・再	財・緑	種・再	26
種・再	再・種	滅・乱	乱・滅	停・達	健・陰	陰・健	立・安	安・立	緑・財	安・立	緑・財	27
緑・財	財・緑	種・再	再・種	滅・乱	達・停	停・達	健・陰	陰・健	立・安	陰・健	立・安	28
立・安	安・立	緑・財	財・緑	種・再	乱・滅	滅・乱	達・停	停・達	健・陰	停・達	健・陰	29
健・陰	陰・健	立・安	安・立	緑・財	再・種	種・再	乱・滅	滅・乱	達・停		達・停	30
達・停		健・陰		立・安	財・緑		再・種		乱・滅		乱・滅	31

霊合星「金星人」の運命カレンダー

2023年10月～2024年12月

2023年
金星人（＋）年運
乱・減

12月 立・安	11月 緑・財	10月 種・再	月/日 月運
財・緑	緑・財	再・種	1
安・立	立・安	財・緑	2
陰・健	健・陰	安・立	3
停・達	達・停	陰・健	4
減・乱	乱・減	停・達	5
種・再	再・種	減・乱	6
緑・財	財・緑	種・再	7
立・安	安・立	緑・財	8
健・陰	陰・健	立・安	9
達・停	停・達	健・陰	10
乱・減	減・乱	達・停	11
再・種	種・再	乱・減	12
財・緑	緑・財	再・種	13
安・立	立・安	財・緑	14
陰・健	健・陰	安・立	15
停・達	達・停	陰・健	16
減・乱	乱・減	停・達	17
種・再	再・種	減・乱	18
緑・財	財・緑	種・再	19
立・安	安・立	緑・財	20
健・陰	陰・健	立・安	21
達・停	停・達	健・陰	22
乱・減	減・乱	達・停	23
再・種	種・再	乱・減	24
財・緑	緑・財	再・種	25
安・立	立・安	財・緑	26
陰・健	健・陰	安・立	27
停・達	達・停	陰・健	28
減・乱	乱・減	停・達	29
種・再	再・種	減・乱	30
緑・財		種・再	31

2023年
金星人（－）年運
達・停

12月 緑・財	11月 種・再	10月 減・乱	月/日 月運
再・種	種・再	乱・減	1
財・緑	緑・財	再・種	2
安・立	立・安	財・緑	3
陰・健	健・陰	安・立	4
停・達	達・停	陰・健	5
減・乱	乱・減	停・達	6
種・再	再・種	減・乱	7
緑・財	財・緑	種・再	8
立・安	安・立	緑・財	9
健・陰	陰・健	立・安	10
達・停	停・達	健・陰	11
乱・減	減・乱	達・停	12
再・種	種・再	乱・減	13
財・緑	緑・財	再・種	14
安・立	立・安	財・緑	15
陰・健	健・陰	安・立	16
停・達	達・停	陰・健	17
減・乱	乱・減	停・達	18
種・再	再・種	減・乱	19
緑・財	財・緑	種・再	20
立・安	安・立	緑・財	21
健・陰	陰・健	立・安	22
達・停	停・達	健・陰	23
乱・減	減・乱	達・停	24
再・種	種・再	乱・減	25
財・緑	緑・財	再・種	26
安・立	立・安	財・緑	27
陰・健	健・陰	安・立	28
停・達	達・停	陰・健	29
減・乱	乱・減	停・達	30
種・再		減・乱	31

●運命カレンダーの見方

金星人（＋）と（－）で、霊合星に当たる人の毎日の運気がわかります。▒で示した部分は、注意が必要です。なお、運気の表示の左側がメインの運気、右側がサブの運気になっています。

2024(令和6)年　金星人(＋) 年運　再・種

12月	11月	10月	9月	8月	7月	6月	5月	4月	3月	2月	1月	月/日
立・安	緑・財	種・再	減・乱	停・達	陰・健	安・立	財・緑	再・種	乱・減	達・停	健・陰	月運
緑・財	財・緑	種・再	再・種	減・乱	達・停	停・達	健・陰	陰・健	立・安	陰・健	立・安	1
立・安	安・立	緑・財	財・緑	種・再	乱・減	減・乱	達・停	停・達	健・陰	停・達	健・陰	2
健・陰	陰・健	立・安	安・立	緑・財	再・種	種・再	乱・減	減・乱	達・停	減・乱	達・停	3
達・停	停・達	健・陰	陰・健	立・安	財・緑	緑・財	再・種	種・再	乱・減	種・再	乱・減	4
乱・減	減・乱	達・停	停・達	健・陰	安・立	立・安	財・緑	緑・財	再・種	緑・財	再・種	5
再・種	種・再	乱・減	減・乱	達・停	陰・健	健・陰	安・立	立・安	財・緑	立・安	財・緑	6
財・緑	緑・財	再・種	種・再	乱・減	停・達	達・停	陰・健	健・陰	安・立	健・陰	安・立	7
安・立	立・安	財・緑	緑・財	再・種	減・乱	乱・減	停・達	達・停	陰・健	達・停	陰・健	8
陰・健	健・陰	安・立	立・安	財・緑	種・再	再・種	減・乱	乱・減	停・達	乱・減	停・達	9
停・達	達・停	陰・健	健・陰	安・立	緑・財	財・緑	種・再	再・種	減・乱	再・種	減・乱	10
減・乱	乱・減	停・達	達・停	陰・健	立・安	安・立	緑・財	財・緑	種・再	財・緑	種・再	11
種・再	再・種	減・乱	乱・減	停・達	健・陰	陰・健	立・安	安・立	緑・財	安・立	緑・財	12
緑・財	財・緑	種・再	再・種	減・乱	達・停	停・達	健・陰	陰・健	立・安	陰・健	立・安	13
立・安	安・立	緑・財	財・緑	種・再	乱・減	減・乱	達・停	停・達	健・陰	停・達	健・陰	14
健・陰	陰・健	立・安	安・立	緑・財	再・種	種・再	乱・減	減・乱	達・停	減・乱	達・停	15
達・停	停・達	健・陰	陰・健	立・安	財・緑	緑・財	再・種	種・再	乱・減	種・再	乱・減	16
乱・減	減・乱	達・停	停・達	健・陰	安・立	立・安	財・緑	緑・財	再・種	緑・財	再・種	17
再・種	種・再	乱・減	減・乱	達・停	陰・健	健・陰	安・立	立・安	財・緑	立・安	財・緑	18
財・緑	緑・財	再・種	種・再	乱・減	停・達	達・停	陰・健	健・陰	安・立	健・陰	安・立	19
安・立	立・安	財・緑	緑・財	再・種	減・乱	乱・減	停・達	達・停	陰・健	達・停	陰・健	20
陰・健	健・陰	安・立	立・安	財・緑	種・再	再・種	減・乱	乱・減	停・達	乱・減	停・達	21
停・達	達・停	陰・健	健・陰	安・立	緑・財	財・緑	種・再	再・種	減・乱	再・種	減・乱	22
減・乱	乱・減	停・達	達・停	陰・健	立・安	安・立	緑・財	財・緑	種・再	財・緑	種・再	23
種・再	再・種	減・乱	乱・減	停・達	健・陰	陰・健	立・安	安・立	緑・財	安・立	緑・財	24
緑・財	財・緑	種・再	再・種	減・乱	達・停	停・達	健・陰	陰・健	立・安	陰・健	立・安	25
立・安	安・立	緑・財	財・緑	種・再	乱・減	減・乱	達・停	停・達	健・陰	停・達	健・陰	26
健・陰	陰・健	立・安	安・立	緑・財	再・種	種・再	乱・減	減・乱	達・停	減・乱	達・停	27
達・停	停・達	健・陰	陰・健	立・安	財・緑	緑・財	再・種	種・再	乱・減	種・再	乱・減	28
乱・減	減・乱	達・停	停・達	健・陰	安・立	立・安	財・緑	緑・財	再・種	緑・財	再・種	29
再・種	種・再	乱・減	減・乱	達・停	陰・健	健・陰	安・立	立・安	財・緑		財・緑	30
財・緑		再・種		乱・減	停・達		陰・健		安・立		安・立	31

2024(令和6)年　金星人(－)年運　乱・減

12月 緑・財	11月 種・再	10月 減・乱	9月 停・達	8月 陰・健	7月 安・立	6月 財・緑	5月 再・種	4月 乱・減	3月 達・停	2月 健・陰	1月 立・安	月/日 月運
種・再	再・種	減・乱	乱・減	停・達	健・陰	陰・健	立・安	安・立	緑・財	安・立	緑・財	1
緑・財	財・緑	種・再	再・種	減・乱	達・停	停・達	健・陰	陰・健	立・安	陰・健	立・安	2
立・安	安・立	緑・財	財・緑	種・再	乱・減	減・乱	達・停	停・達	健・陰	停・達	健・陰	3
健・陰	陰・健	立・安	安・立	緑・財	再・種	種・再	乱・減	減・乱	達・停	減・乱	達・停	4
達・停	停・達	健・陰	陰・健	立・安	財・緑	緑・財	再・種	種・再	乱・減	種・再	乱・減	5
乱・減	減・乱	達・停	停・達	健・陰	安・立	立・安	財・緑	緑・財	再・種	緑・財	再・種	6
再・種	種・再	乱・減	減・乱	達・停	陰・健	健・陰	安・立	立・安	財・緑	立・安	財・緑	7
財・緑	緑・財	再・種	種・再	乱・減	停・達	達・停	陰・健	健・陰	安・立	健・陰	安・立	8
安・立	立・安	財・緑	緑・財	再・種	減・乱	乱・減	停・達	達・停	陰・健	達・停	陰・健	9
陰・健	健・陰	安・立	立・安	財・緑	種・再	再・種	減・乱	乱・減	停・達	乱・減	停・達	10
停・達	達・停	陰・健	健・陰	安・立	緑・財	財・緑	種・再	再・種	減・乱	再・種	減・乱	11
減・乱	乱・減	停・達	達・停	陰・健	立・安	安・立	緑・財	財・緑	種・再	財・緑	種・再	12
種・再	再・種	減・乱	乱・減	停・達	健・陰	陰・健	立・安	安・立	緑・財	安・立	緑・財	13
緑・財	財・緑	種・再	再・種	減・乱	達・停	停・達	健・陰	陰・健	立・安	陰・健	立・安	14
立・安	安・立	緑・財	財・緑	種・再	乱・減	減・乱	達・停	停・達	健・陰	停・達	健・陰	15
健・陰	陰・健	立・安	安・立	緑・財	再・種	種・再	乱・減	減・乱	達・停	減・乱	達・停	16
達・停	停・達	健・陰	陰・健	立・安	財・緑	緑・財	再・種	種・再	乱・減	種・再	乱・減	17
乱・減	減・乱	達・停	停・達	健・陰	安・立	立・安	財・緑	緑・財	再・種	緑・財	再・種	18
再・種	種・再	乱・減	減・乱	達・停	陰・健	健・陰	安・立	立・安	財・緑	立・安	財・緑	19
財・緑	緑・財	再・種	種・再	乱・減	停・達	達・停	陰・健	健・陰	安・立	健・陰	安・立	20
安・立	立・安	財・緑	緑・財	再・種	減・乱	乱・減	停・達	達・停	陰・健	達・停	陰・健	21
陰・健	健・陰	安・立	立・安	財・緑	種・再	再・種	減・乱	乱・減	停・達	乱・減	停・達	22
停・達	達・停	陰・健	健・陰	安・立	緑・財	財・緑	種・再	再・種	減・乱	再・種	減・乱	23
減・乱	乱・減	停・達	達・停	陰・健	立・安	安・立	緑・財	財・緑	種・再	財・緑	種・再	24
種・再	再・種	減・乱	乱・減	停・達	健・陰	陰・健	立・安	安・立	緑・財	安・立	緑・財	25
緑・財	財・緑	種・再	再・種	減・乱	達・停	停・達	健・陰	陰・健	立・安	陰・健	立・安	26
立・安	安・立	緑・財	財・緑	種・再	乱・減	減・乱	達・停	停・達	健・陰	停・達	健・陰	27
健・陰	陰・健	立・安	安・立	緑・財	再・種	種・再	乱・減	減・乱	達・停	減・乱	達・停	28
達・停	停・達	健・陰	陰・健	立・安	財・緑	緑・財	再・種	種・再	乱・減	種・再	乱・減	29
乱・減	減・乱	達・停	停・達	健・陰	安・立	立・安	財・緑	緑・財	再・種		再・種	30
再・種		乱・減		達・停	陰・健		安・立		財・緑		財・緑	31

霊合星「火星人」の運命カレンダー

2023年10月～2024年12月

●運命カレンダーの見方

火星人(＋)と(－)で、霊合星に当たる人の毎日の運気がわかります。■で示した部分は、注意が必要です。なお、運気の表示の左側がメイン、右側がサブの運気になっています。

2023年
火星人(＋)年運 財・緑

12月 達・停	11月 健・陰	10月 立・安	月/日 月運
陰・健	健・陰	安・立	1
停・達	達・停	陰・健	2
滅・乱	乱・滅	停・達	3
種・再	再・種	滅・乱	4
緑・財	財・緑	種・再	5
立・安	安・立	緑・財	6
健・陰	陰・健	立・安	7
達・停	停・達	健・陰	8
乱・滅	滅・乱	達・停	9
再・種	種・再	乱・滅	10
財・緑	緑・財	再・種	11
安・立	立・安	財・緑	12
陰・健	健・陰	安・立	13
停・達	達・停	陰・健	14
滅・乱	乱・滅	停・達	15
種・再	再・種	滅・乱	16
緑・財	財・緑	種・再	17
立・安	安・立	緑・財	18
健・陰	陰・健	立・安	19
達・停	停・達	健・陰	20
乱・滅	滅・乱	達・停	21
再・種	種・再	乱・滅	22
財・緑	緑・財	再・種	23
安・立	立・安	財・緑	24
陰・健	健・陰	安・立	25
停・達	達・停	陰・健	26
滅・乱	乱・滅	停・達	27
種・再	再・種	滅・乱	28
緑・財	財・緑	種・再	29
立・安	安・立	緑・財	30
健・陰		立・安	31

2023年
火星人(－)年運 再・種

12月 健・陰	11月 立・安	10月 緑・財	月/日 月運
安・立	立・安	財・緑	1
陰・健	健・陰	安・立	2
停・達	達・停	陰・健	3
滅・乱	乱・滅	停・達	4
種・再	再・種	滅・乱	5
緑・財	財・緑	種・再	6
立・安	安・立	緑・財	7
健・陰	陰・健	立・安	8
達・停	停・達	健・陰	9
乱・滅	滅・乱	達・停	10
再・種	種・再	乱・滅	11
財・緑	緑・財	再・種	12
安・立	立・安	財・緑	13
陰・健	健・陰	安・立	14
停・達	達・停	陰・健	15
滅・乱	乱・滅	停・達	16
種・再	再・種	滅・乱	17
緑・財	財・緑	種・再	18
立・安	安・立	緑・財	19
健・陰	陰・健	立・安	20
達・停	停・達	健・陰	21
乱・滅	滅・乱	達・停	22
再・種	種・再	乱・滅	23
財・緑	緑・財	再・種	24
安・立	立・安	財・緑	25
陰・健	健・陰	安・立	26
停・達	達・停	陰・健	27
滅・乱	乱・滅	停・達	28
種・再	再・種	滅・乱	29
緑・財	財・緑	種・再	30
立・安		緑・財	31

2024(令和6)年　火星人(＋) 年運　安・立

12月 達・停	11月 健・陰	10月 立・安	9月 緑・財	8月 種・再	7月 減・乱	6月 停・達	5月 陰・健	4月 安・立	3月 財・緑	2月 再・種	1月 乱・減	月/日 月運
健・陰	陰・健	立・安	安・立	緑・財	再・種	種・再	乱・減	減・乱	達・停	減・乱	達・停	1
達・停	停・達	健・陰	陰・健	立・安	財・緑	緑・財	再・種	種・再	乱・減	種・再	乱・減	2
乱・減	減・乱	達・停	停・達	健・陰	安・立	立・安	財・緑	緑・財	再・種	緑・財	再・種	3
再・種	種・再	乱・減	減・乱	達・停	陰・健	健・陰	安・立	立・安	財・緑	立・安	財・緑	4
財・緑	緑・財	再・種	種・再	乱・減	停・達	達・停	陰・健	健・陰	安・立	健・陰	安・立	5
安・立	立・安	財・緑	緑・財	再・種	減・乱	乱・減	停・達	達・停	陰・健	達・停	陰・健	6
陰・健	健・陰	安・立	立・安	財・緑	種・再	再・種	減・乱	乱・減	停・達	乱・減	停・達	7
停・達	達・停	陰・健	健・陰	安・立	緑・財	財・緑	種・再	再・種	減・乱	再・種	減・乱	8
減・乱	乱・減	停・達	達・停	陰・健	立・安	安・立	緑・財	財・緑	種・再	財・緑	種・再	9
種・再	再・種	減・乱	乱・減	停・達	健・陰	陰・健	立・安	安・立	緑・財	安・立	緑・財	10
緑・財	財・緑	種・再	再・種	減・乱	達・停	停・達	健・陰	陰・健	立・安	陰・健	立・安	11
立・安	安・立	緑・財	財・緑	種・再	乱・減	減・乱	達・停	停・達	健・陰	停・達	健・陰	12
健・陰	陰・健	立・安	安・立	緑・財	再・種	種・再	乱・減	減・乱	達・停	減・乱	達・停	13
達・停	停・達	健・陰	陰・健	立・安	財・緑	緑・財	再・種	種・再	乱・減	種・再	乱・減	14
乱・減	減・乱	達・停	停・達	健・陰	安・立	立・安	財・緑	緑・財	再・種	緑・財	再・種	15
再・種	種・再	乱・減	減・乱	達・停	陰・健	健・陰	安・立	立・安	財・緑	立・安	財・緑	16
財・緑	緑・財	再・種	種・再	乱・減	停・達	達・停	陰・健	健・陰	安・立	健・陰	安・立	17
安・立	立・安	財・緑	緑・財	再・種	減・乱	乱・減	停・達	達・停	陰・健	達・停	陰・健	18
陰・健	健・陰	安・立	立・安	財・緑	種・再	再・種	減・乱	乱・減	停・達	乱・減	停・達	19
停・達	達・停	陰・健	健・陰	安・立	緑・財	財・緑	種・再	再・種	減・乱	再・種	減・乱	20
減・乱	乱・減	停・達	達・停	陰・健	立・安	安・立	緑・財	財・緑	種・再	財・緑	種・再	21
種・再	再・種	減・乱	乱・減	停・達	健・陰	陰・健	立・安	安・立	緑・財	安・立	緑・財	22
緑・財	財・緑	種・再	再・種	減・乱	達・停	停・達	健・陰	陰・健	立・安	陰・健	立・安	23
立・安	安・立	緑・財	財・緑	種・再	乱・減	減・乱	達・停	停・達	健・陰	停・達	健・陰	24
健・陰	陰・健	立・安	安・立	緑・財	再・種	種・再	乱・減	減・乱	達・停	減・乱	達・停	25
達・停	停・達	健・陰	陰・健	立・安	財・緑	緑・財	再・種	種・再	乱・減	種・再	乱・減	26
乱・減	減・乱	達・停	停・達	健・陰	安・立	立・安	財・緑	緑・財	再・種	緑・財	再・種	27
再・種	種・再	乱・減	減・乱	達・停	陰・健	健・陰	安・立	立・安	財・緑	立・安	財・緑	28
財・緑	緑・財	再・種	種・再	乱・減	停・達	達・停	陰・健	健・陰	安・立	健・陰	安・立	29
安・立	立・安	財・緑	緑・財	再・種	減・乱	乱・減	停・達	達・停	陰・健		陰・健	30
陰・健		安・立		財・緑	種・再		減・乱		停・達		停・達	31

2024(令和6)年　火星人(－) 年運　財・緑

12月 健・陰	11月 立・安	10月 緑・財	9月 種・再	8月 減・乱	7月 停・達	6月 陰・健	5月 安・立	4月 財・緑	3月 再・種	2月 乱・減	1月 達・停	月/日 月運
立・安	安・立	緑・財	財・緑	種・再	乱・減	減・乱	達・停	停・達	健・陰	停・達	健・陰	1
健・陰	陰・健	立・安	安・立	緑・財	再・種	種・再	乱・減	減・乱	達・停	減・乱	達・停	2
達・停	停・達	健・陰	陰・健	立・安	財・緑	緑・財	再・種	種・再	乱・減	種・再	乱・減	3
乱・減	減・乱	達・停	停・達	健・陰	安・立	立・安	財・緑	緑・財	再・種	緑・財	再・種	4
再・種	種・再	乱・減	減・乱	達・停	陰・健	健・陰	安・立	立・安	財・緑	立・安	財・緑	5
財・緑	緑・財	再・種	種・再	乱・減	停・達	達・停	陰・健	健・陰	安・立	健・陰	安・立	6
安・立	立・安	財・緑	緑・財	再・種	減・乱	乱・減	停・達	達・停	陰・健	達・停	陰・健	7
陰・健	健・陰	安・立	立・安	財・緑	種・再	再・種	減・乱	乱・減	停・達	乱・減	停・達	8
停・達	達・停	陰・健	健・陰	安・立	緑・財	財・緑	種・再	再・種	減・乱	再・種	減・乱	9
減・乱	乱・減	停・達	達・停	陰・健	立・安	安・立	緑・財	財・緑	種・再	財・緑	種・再	10
種・再	再・種	減・乱	乱・減	停・達	健・陰	陰・健	立・安	安・立	緑・財	安・立	緑・財	11
緑・財	財・緑	種・再	再・種	減・乱	達・停	停・達	健・陰	陰・健	立・安	陰・健	立・安	12
立・安	安・立	緑・財	財・緑	種・再	乱・減	減・乱	達・停	停・達	健・陰	停・達	健・陰	13
健・陰	陰・健	立・安	安・立	緑・財	再・種	種・再	乱・減	減・乱	達・停	減・乱	達・停	14
達・停	停・達	健・陰	陰・健	立・安	財・緑	緑・財	再・種	種・再	乱・減	種・再	乱・減	15
乱・減	減・乱	達・停	停・達	健・陰	安・立	立・安	財・緑	緑・財	再・種	緑・財	再・種	16
再・種	種・再	乱・減	減・乱	達・停	陰・健	健・陰	安・立	立・安	財・緑	立・安	財・緑	17
財・緑	緑・財	再・種	種・再	乱・減	停・達	達・停	陰・健	健・陰	安・立	健・陰	安・立	18
安・立	立・安	財・緑	緑・財	再・種	減・乱	乱・減	停・達	達・停	陰・健	達・停	陰・健	19
陰・健	健・陰	安・立	立・安	財・緑	種・再	再・種	減・乱	乱・減	停・達	乱・減	停・達	20
停・達	達・停	陰・健	健・陰	安・立	緑・財	財・緑	種・再	再・種	減・乱	再・種	減・乱	21
減・乱	乱・減	停・達	達・停	陰・健	立・安	安・立	緑・財	財・緑	種・再	財・緑	種・再	22
種・再	再・種	減・乱	乱・減	停・達	健・陰	陰・健	立・安	安・立	緑・財	安・立	緑・財	23
緑・財	財・緑	種・再	再・種	減・乱	達・停	停・達	健・陰	陰・健	立・安	陰・健	立・安	24
立・安	安・立	緑・財	財・緑	種・再	乱・減	減・乱	達・停	停・達	健・陰	停・達	健・陰	25
健・陰	陰・健	立・安	安・立	緑・財	再・種	種・再	乱・減	減・乱	達・停	減・乱	達・停	26
達・停	停・達	健・陰	陰・健	立・安	財・緑	緑・財	再・種	種・再	乱・減	種・再	乱・減	27
乱・減	減・乱	達・停	停・達	健・陰	安・立	立・安	財・緑	緑・財	再・種	緑・財	再・種	28
再・種	種・再	乱・減	減・乱	達・停	陰・健	健・陰	安・立	立・安	財・緑	立・安	財・緑	29
財・緑	緑・財	再・種	種・再	乱・減	停・達	達・停	陰・健	健・陰	安・立		安・立	30
安・立		財・緑		再・種	減・乱		停・達		陰・健		陰・健	31

霊合星「天王星人」の運命カレンダー

2023年10月～2024年12月

●運命カレンダーの見方

天王星人（＋）と（－）で、霊合星に当たる人の毎日の運気がわかります。▒で示した部分は、注意が必要です。なお、運気の表示の左側がメインの運気、右側がサブの運気になっています。

2023年
天王星人（－）年運
安・立

12月 乱・減	11月 達・停	10月 健・陰	月/日 月運
停・達	達・停	陰・健	1
減・乱	乱・減	停・達	2
種・再	再・種	減・乱	3
緑・財	財・緑	種・再	4
立・安	安・立	緑・財	5
健・陰	陰・健	立・安	6
達・停	停・達	健・陰	7
乱・減	減・乱	達・停	8
再・種	種・再	乱・減	9
財・緑	緑・財	再・種	10
安・立	立・安	財・緑	11
陰・健	健・陰	安・立	12
停・達	達・停	陰・健	13
減・乱	乱・減	停・達	14
種・再	再・種	減・乱	15
緑・財	財・緑	種・再	16
立・安	安・立	緑・財	17
健・陰	陰・健	立・安	18
達・停	停・達	健・陰	19
乱・減	減・乱	達・停	20
再・種	種・再	乱・減	21
財・緑	緑・財	再・種	22
安・立	立・安	財・緑	23
陰・健	健・陰	安・立	24
停・達	達・停	陰・健	25
減・乱	乱・減	停・達	26
種・再	再・種	減・乱	27
緑・財	財・緑	種・再	28
立・安	安・立	緑・財	29
健・陰	陰・健	立・安	30
達・停		健・陰	31

2023年
天王星人（＋）年運
陰・健

12月 再・種	11月 乱・減	10月 達・停	月/日 月運
減・乱	乱・減	停・達	1
種・再	再・種	減・乱	2
緑・財	財・緑	種・再	3
立・安	安・立	緑・財	4
健・陰	陰・健	立・安	5
達・停	停・達	健・陰	6
乱・減	減・乱	達・停	7
再・種	種・再	乱・減	8
財・緑	緑・財	再・種	9
安・立	立・安	財・緑	10
陰・健	健・陰	安・立	11
停・達	達・停	陰・健	12
減・乱	乱・減	停・達	13
種・再	再・種	減・乱	14
緑・財	財・緑	種・再	15
立・安	安・立	緑・財	16
健・陰	陰・健	立・安	17
達・停	停・達	健・陰	18
乱・減	減・乱	達・停	19
再・種	種・再	乱・減	20
財・緑	緑・財	再・種	21
安・立	立・安	財・緑	22
陰・健	健・陰	安・立	23
停・達	達・停	陰・健	24
減・乱	乱・減	停・達	25
種・再	再・種	減・乱	26
緑・財	財・緑	種・再	27
立・安	安・立	緑・財	28
健・陰	陰・健	立・安	29
達・停	停・達	健・陰	30
乱・減		達・停	31

2024(令和6)年 天王星人(＋)年運 停・達

12月 再・種	11月 乱・減	10月 達・停	9月 健・陰	8月 立・安	7月 緑・財	6月 種・再	5月 減・乱	4月 停・達	3月 陰・健	2月 安・立	1月 財・緑	月/日 月運
乱・減	減・乱	達・停	停・達	健・陰	安・立	立・安	財・緑	緑・財	再・種	緑・財	再・種	1
再・種	種・再	乱・減	減・乱	達・停	陰・健	健・陰	安・立	立・安	財・緑	立・安	財・緑	2
財・緑	緑・財	再・種	種・再	乱・減	停・達	達・停	陰・健	健・陰	安・立	健・陰	安・立	3
安・立	立・安	財・緑	緑・財	再・種	減・乱	乱・減	停・達	達・停	陰・健	達・停	陰・健	4
陰・健	健・陰	安・立	立・安	財・緑	種・再	再・種	減・乱	乱・減	停・達	乱・減	停・達	5
停・達	達・停	陰・健	健・陰	安・立	緑・財	財・緑	種・再	再・種	減・乱	再・種	減・乱	6
減・乱	乱・減	停・達	達・停	陰・健	立・安	安・立	緑・財	財・緑	種・再	財・緑	種・再	7
種・再	再・種	減・乱	乱・減	停・達	健・陰	陰・健	立・安	安・立	緑・財	安・立	緑・財	8
緑・財	財・緑	種・再	再・種	減・乱	達・停	停・達	健・陰	陰・健	立・安	陰・健	立・安	9
立・安	安・立	緑・財	財・緑	種・再	乱・減	減・乱	達・停	停・達	健・陰	停・達	健・陰	10
健・陰	陰・健	立・安	安・立	緑・財	再・種	種・再	乱・減	減・乱	達・停	減・乱	達・停	11
達・停	停・達	健・陰	陰・健	立・安	財・緑	緑・財	再・種	種・再	乱・減	種・再	乱・減	12
乱・減	減・乱	達・停	停・達	健・陰	安・立	立・安	財・緑	緑・財	再・種	緑・財	再・種	13
再・種	種・再	乱・減	減・乱	達・停	陰・健	健・陰	安・立	立・安	財・緑	立・安	財・緑	14
財・緑	緑・財	再・種	種・再	乱・減	停・達	達・停	陰・健	健・陰	安・立	健・陰	安・立	15
安・立	立・安	財・緑	緑・財	再・種	減・乱	乱・減	停・達	達・停	陰・健	達・停	陰・健	16
陰・健	健・陰	安・立	立・安	財・緑	種・再	再・種	減・乱	乱・減	停・達	乱・減	停・達	17
停・達	達・停	陰・健	健・陰	安・立	緑・財	財・緑	種・再	再・種	減・乱	再・種	減・乱	18
減・乱	乱・減	停・達	達・停	陰・健	立・安	安・立	緑・財	財・緑	種・再	財・緑	種・再	19
種・再	再・種	減・乱	乱・減	停・達	健・陰	陰・健	立・安	安・立	緑・財	安・立	緑・財	20
緑・財	財・緑	種・再	再・種	減・乱	達・停	停・達	健・陰	陰・健	立・安	陰・健	立・安	21
立・安	安・立	緑・財	財・緑	種・再	乱・減	減・乱	達・停	停・達	健・陰	停・達	健・陰	22
健・陰	陰・健	立・安	安・立	緑・財	再・種	種・再	乱・減	減・乱	達・停	減・乱	達・停	23
達・停	停・達	健・陰	陰・健	立・安	財・緑	緑・財	再・種	種・再	乱・減	種・再	乱・減	24
乱・減	減・乱	達・停	停・達	健・陰	安・立	立・安	財・緑	緑・財	再・種	緑・財	再・種	25
再・種	種・再	乱・減	減・乱	達・停	陰・健	健・陰	安・立	立・安	財・緑	立・安	財・緑	26
財・緑	緑・財	再・種	種・再	乱・減	停・達	達・停	陰・健	健・陰	安・立	健・陰	安・立	27
安・立	立・安	財・緑	緑・財	再・種	減・乱	乱・減	停・達	達・停	陰・健	達・停	陰・健	28
陰・健	健・陰	安・立	立・安	財・緑	種・再	再・種	減・乱	乱・減	停・達	乱・減	停・達	29
停・達	達・停	陰・健	健・陰	安・立	緑・財	財・緑	種・再	再・種	減・乱		減・乱	30
減・乱		停・達		陰・健	立・安		緑・財		種・再		種・再	31

2024(令和6)年　天王星人(−)年運　陰・健

12月 乱・滅	11月 達・停	10月 健・陰	9月 立・安	8月 緑・財	7月 種・再	6月 滅・乱	5月 停・達	4月 陰・健	3月 安・立	2月 財・緑	1月 再・種	月/日 月運
達・停	停・達	健・陰	陰・健	立・安	財・緑	緑・財	再・種	種・再	乱・滅	種・再	乱・滅	1
乱・滅	滅・乱	達・停	停・達	健・陰	安・立	立・安	財・緑	緑・財	再・種	緑・財	再・種	2
再・種	種・再	乱・滅	滅・乱	達・停	陰・健	健・陰	安・立	立・安	財・緑	立・安	財・緑	3
財・緑	緑・財	再・種	種・再	乱・滅	停・達	達・停	陰・健	健・陰	安・立	健・陰	安・立	4
安・立	立・安	財・緑	緑・財	再・種	滅・乱	乱・滅	停・達	達・停	陰・健	達・停	陰・健	5
陰・健	健・陰	安・立	立・安	財・緑	種・再	再・種	滅・乱	乱・滅	停・達	乱・滅	停・達	6
停・達	達・停	陰・健	健・陰	安・立	緑・財	財・緑	種・再	再・種	滅・乱	再・種	滅・乱	7
滅・乱	乱・滅	停・達	達・停	陰・健	立・安	安・立	緑・財	財・緑	種・再	財・緑	種・再	8
種・再	再・種	滅・乱	乱・滅	停・達	健・陰	陰・健	立・安	安・立	緑・財	安・立	緑・財	9
緑・財	財・緑	種・再	再・種	滅・乱	達・停	停・達	健・陰	陰・健	立・安	陰・健	立・安	10
立・安	安・立	緑・財	財・緑	種・再	乱・滅	滅・乱	達・停	停・達	健・陰	停・達	健・陰	11
健・陰	陰・健	立・安	安・立	緑・財	再・種	種・再	乱・滅	滅・乱	達・停	滅・乱	達・停	12
達・停	停・達	健・陰	陰・健	立・安	財・緑	緑・財	再・種	種・再	乱・滅	種・再	乱・滅	13
乱・滅	滅・乱	達・停	停・達	健・陰	安・立	立・安	財・緑	緑・財	再・種	緑・財	再・種	14
再・種	種・再	乱・滅	滅・乱	達・停	陰・健	健・陰	安・立	立・安	財・緑	立・安	財・緑	15
財・緑	緑・財	再・種	種・再	乱・滅	停・達	達・停	陰・健	健・陰	安・立	健・陰	安・立	16
安・立	立・安	財・緑	緑・財	再・種	滅・乱	乱・滅	停・達	達・停	陰・健	達・停	陰・健	17
陰・健	健・陰	安・立	立・安	財・緑	種・再	再・種	滅・乱	乱・滅	停・達	乱・滅	停・達	18
停・達	達・停	陰・健	健・陰	安・立	緑・財	財・緑	種・再	再・種	滅・乱	再・種	滅・乱	19
滅・乱	乱・滅	停・達	達・停	陰・健	立・安	安・立	緑・財	財・緑	種・再	財・緑	種・再	20
種・再	再・種	滅・乱	乱・滅	停・達	健・陰	陰・健	立・安	安・立	緑・財	安・立	緑・財	21
緑・財	財・緑	種・再	再・種	滅・乱	達・停	停・達	健・陰	陰・健	立・安	陰・健	立・安	22
立・安	安・立	緑・財	財・緑	種・再	乱・滅	滅・乱	達・停	停・達	健・陰	停・達	健・陰	23
健・陰	陰・健	立・安	安・立	緑・財	再・種	種・再	乱・滅	滅・乱	達・停	滅・乱	達・停	24
達・停	停・達	健・陰	陰・健	立・安	財・緑	緑・財	再・種	種・再	乱・滅	種・再	乱・滅	25
乱・滅	滅・乱	達・停	停・達	健・陰	安・立	立・安	財・緑	緑・財	再・種	緑・財	再・種	26
再・種	種・再	乱・滅	滅・乱	達・停	陰・健	健・陰	安・立	立・安	財・緑	立・安	財・緑	27
財・緑	緑・財	再・種	種・再	乱・滅	停・達	達・停	陰・健	健・陰	安・立	健・陰	安・立	28
安・立	立・安	財・緑	緑・財	再・種	滅・乱	乱・滅	停・達	達・停	陰・健	達・停	陰・健	29
陰・健	健・陰	安・立	立・安	財・緑	種・再	再・種	滅・乱	乱・滅	停・達		停・達	30
停・達		陰・健		安・立	緑・財		種・再		滅・乱		滅・乱	31

霊合星「木星人」の運命カレンダー

2023年10月～2024年12月

2023年
木星人（－）年運 停・達

12月 財・緑	11月 再・種	10月 乱・減	月/日 月運
種・再	再・種	減・乱	1
緑・財	財・緑	種・再	2
立・安	安・立	緑・財	3
健・陰	陰・健	立・安	4
達・停	停・達	健・陰	5
乱・減	減・乱	達・停	6
再・種	種・再	乱・減	7
財・緑	緑・財	再・種	8
安・立	立・安	財・緑	9
陰・健	健・陰	安・立	10
停・達	達・停	陰・健	11
減・乱	乱・減	停・達	12
種・再	再・種	減・乱	13
緑・財	財・緑	種・再	14
立・安	安・立	緑・財	15
健・陰	陰・健	立・安	16
達・停	停・達	健・陰	17
乱・減	減・乱	達・停	18
再・種	種・再	乱・減	19
財・緑	緑・財	再・種	20
安・立	立・安	財・緑	21
陰・健	健・陰	安・立	22
停・達	達・停	陰・健	23
減・乱	乱・減	停・達	24
種・再	再・種	減・乱	25
緑・財	財・緑	種・再	26
立・安	安・立	緑・財	27
健・陰	陰・健	立・安	28
達・停	停・達	健・陰	29
乱・減	減・乱	達・停	30
再・種		乱・減	31

2023年
木星人（＋）年運 減・乱

12月 安・立	11月 財・緑	10月 再・種	月/日 月運
緑・財	財・緑	種・再	1
立・安	安・立	緑・財	2
健・陰	陰・健	立・安	3
達・停	停・達	健・陰	4
乱・減	減・乱	達・停	5
再・種	種・再	乱・減	6
財・緑	緑・財	再・種	7
安・立	立・安	財・緑	8
陰・健	健・陰	安・立	9
停・達	達・停	陰・健	10
減・乱	乱・減	停・達	11
種・再	再・種	減・乱	12
緑・財	財・緑	種・再	13
立・安	安・立	緑・財	14
健・陰	陰・健	立・安	15
達・停	停・達	健・陰	16
乱・減	減・乱	達・停	17
再・種	種・再	乱・減	18
財・緑	緑・財	再・種	19
安・立	立・安	財・緑	20
陰・健	健・陰	安・立	21
停・達	達・停	陰・健	22
減・乱	乱・減	停・達	23
種・再	再・種	減・乱	24
緑・財	財・緑	種・再	25
立・安	安・立	緑・財	26
健・陰	陰・健	立・安	27
達・停	停・達	健・陰	28
乱・減	減・乱	達・停	29
再・種	種・再	乱・減	30
財・緑		再・種	31

●運命カレンダーの見方

木星人（＋）と（－）で、霊合星に当たる人の毎日の運気がわかります。▒で示した部分は、注意が必要です。なお、運気の表示の左側がメインの運気、右側がサブの運気になっています。

2024(令和6)年　木星人(＋) 年運　種・再

12月 安・立	11月 財・緑	10月 再・種	9月 乱・滅	8月 達・停	7月 健・陰	6月 立・安	5月 緑・財	4月 種・再	3月 滅・乱	2月 停・達	1月 陰・健	月/日 月運
財・緑	緑・財	再・種	種・再	乱・滅	停・達	達・停	陰・健	健・陰	安・立	健・陰	安・立	1
安・立	立・安	財・緑	緑・財	再・種	滅・乱	乱・滅	停・達	達・停	陰・健	達・停	陰・健	2
陰・健	健・陰	安・立	立・安	財・緑	種・再	再・種	滅・乱	乱・滅	停・達	乱・滅	停・達	3
停・達	達・停	陰・健	健・陰	安・立	緑・財	財・緑	種・再	再・種	滅・乱	再・種	滅・乱	4
滅・乱	乱・滅	停・達	達・停	陰・健	立・安	安・立	緑・財	財・緑	種・再	財・緑	種・再	5
種・再	再・種	滅・乱	乱・滅	停・達	健・陰	陰・健	立・安	安・立	緑・財	安・立	緑・財	6
緑・財	財・緑	種・再	再・種	滅・乱	達・停	停・達	健・陰	陰・健	立・安	陰・健	立・安	7
立・安	安・立	緑・財	財・緑	種・再	乱・滅	滅・乱	達・停	停・達	健・陰	停・達	健・陰	8
健・陰	陰・健	立・安	安・立	緑・財	再・種	種・再	乱・滅	滅・乱	達・停	滅・乱	達・停	9
達・停	停・達	健・陰	陰・健	立・安	財・緑	緑・財	再・種	種・再	乱・滅	種・再	乱・滅	10
乱・滅	滅・乱	達・停	停・達	健・陰	安・立	立・安	財・緑	緑・財	再・種	緑・財	再・種	11
再・種	種・再	乱・滅	滅・乱	達・停	陰・健	健・陰	安・立	立・安	財・緑	立・安	財・緑	12
財・緑	緑・財	再・種	種・再	乱・滅	停・達	達・停	陰・健	健・陰	安・立	健・陰	安・立	13
安・立	立・安	財・緑	緑・財	再・種	滅・乱	乱・滅	停・達	達・停	陰・健	達・停	陰・健	14
陰・健	健・陰	安・立	立・安	財・緑	種・再	再・種	滅・乱	乱・滅	停・達	乱・滅	停・達	15
停・達	達・停	陰・健	健・陰	安・立	緑・財	財・緑	種・再	再・種	滅・乱	再・種	滅・乱	16
滅・乱	乱・滅	停・達	達・停	陰・健	立・安	安・立	緑・財	財・緑	種・再	財・緑	種・再	17
種・再	再・種	滅・乱	乱・滅	停・達	健・陰	陰・健	立・安	安・立	緑・財	安・立	緑・財	18
緑・財	財・緑	種・再	再・種	滅・乱	達・停	停・達	健・陰	陰・健	立・安	陰・健	立・安	19
立・安	安・立	緑・財	財・緑	種・再	乱・滅	滅・乱	達・停	停・達	健・陰	停・達	健・陰	20
健・陰	陰・健	立・安	安・立	緑・財	再・種	種・再	乱・滅	滅・乱	達・停	滅・乱	達・停	21
達・停	停・達	健・陰	陰・健	立・安	財・緑	緑・財	再・種	種・再	乱・滅	種・再	乱・滅	22
乱・滅	滅・乱	達・停	停・達	健・陰	安・立	立・安	財・緑	緑・財	再・種	緑・財	再・種	23
再・種	種・再	乱・滅	滅・乱	達・停	陰・健	健・陰	安・立	立・安	財・緑	立・安	財・緑	24
財・緑	緑・財	再・種	種・再	乱・滅	停・達	達・停	陰・健	健・陰	安・立	健・陰	安・立	25
安・立	立・安	財・緑	緑・財	再・種	滅・乱	乱・滅	停・達	達・停	陰・健	達・停	陰・健	26
陰・健	健・陰	安・立	立・安	財・緑	種・再	再・種	滅・乱	乱・滅	停・達	乱・滅	停・達	27
停・達	達・停	陰・健	健・陰	安・立	緑・財	財・緑	種・再	再・種	滅・乱	再・種	滅・乱	28
滅・乱	乱・滅	停・達	達・停	陰・健	立・安	安・立	緑・財	財・緑	種・再	財・緑	種・再	29
種・再	再・種	滅・乱	乱・滅	停・達	健・陰	陰・健	立・安	安・立	緑・財		緑・財	30
緑・財		種・再		滅・乱	達・停		健・陰		立・安		立・安	31

2024(令和6)年　木星人(－)年運　減·乱

12月 財·緑	11月 再·種	10月 乱·減	9月 達·停	8月 健·陰	7月 立·安	6月 緑·財	5月 種·再	4月 減·乱	3月 停·達	2月 陰·健	1月 安·立	月/日 月運
再·種	種·再	乱·減	減·乱	達·停	陰·健	健·陰	安·立	立·安	財·緑	立·安	財·緑	1
財·緑	緑·財	再·種	種·再	乱·減	停·達	達·停	陰·健	健·陰	安·立	健·陰	安·立	2
安·立	立·安	財·緑	緑·財	再·種	減·乱	乱·減	停·達	達·停	陰·健	達·停	陰·健	3
陰·健	健·陰	安·立	立·安	財·緑	種·再	再·種	減·乱	乱·減	停·達	乱·減	停·達	4
停·達	達·停	陰·健	健·陰	安·立	緑·財	財·緑	種·再	再·種	減·乱	再·種	減·乱	5
減·乱	乱·減	停·達	達·停	陰·健	立·安	安·立	緑·財	財·緑	種·再	財·緑	種·再	6
種·再	再·種	減·乱	乱·減	停·達	健·陰	陰·健	立·安	安·立	緑·財	安·立	緑·財	7
緑·財	財·緑	種·再	再·種	減·乱	達·停	停·達	健·陰	陰·健	立·安	陰·健	立·安	8
立·安	安·立	緑·財	財·緑	種·再	乱·減	減·乱	達·停	停·達	健·陰	停·達	健·陰	9
健·陰	陰·健	立·安	安·立	緑·財	再·種	種·再	乱·減	減·乱	達·停	減·乱	達·停	10
達·停	停·達	健·陰	陰·健	立·安	財·緑	緑·財	再·種	種·再	乱·減	種·再	乱·減	11
乱·減	減·乱	達·停	停·達	健·陰	安·立	立·安	財·緑	緑·財	再·種	緑·財	再·種	12
再·種	種·再	乱·減	減·乱	達·停	陰·健	健·陰	安·立	立·安	財·緑	立·安	財·緑	13
財·緑	緑·財	再·種	種·再	乱·減	停·達	達·停	陰·健	健·陰	安·立	健·陰	安·立	14
安·立	立·安	財·緑	緑·財	再·種	減·乱	乱·減	停·達	達·停	陰·健	達·停	陰·健	15
陰·健	健·陰	安·立	立·安	財·緑	種·再	再·種	減·乱	乱·減	停·達	乱·減	停·達	16
停·達	達·停	陰·健	健·陰	安·立	緑·財	財·緑	種·再	再·種	減·乱	再·種	減·乱	17
減·乱	乱·減	停·達	達·停	陰·健	立·安	安·立	緑·財	財·緑	種·再	財·緑	種·再	18
種·再	再·種	減·乱	乱·減	停·達	健·陰	陰·健	立·安	安·立	緑·財	安·立	緑·財	19
緑·財	財·緑	種·再	再·種	減·乱	達·停	停·達	健·陰	陰·健	立·安	陰·健	立·安	20
立·安	安·立	緑·財	財·緑	種·再	乱·減	減·乱	達·停	停·達	健·陰	停·達	健·陰	21
健·陰	陰·健	立·安	安·立	緑·財	再·種	種·再	乱·減	減·乱	達·停	減·乱	達·停	22
達·停	停·達	健·陰	陰·健	立·安	財·緑	緑·財	再·種	種·再	乱·減	種·再	乱·減	23
乱·減	減·乱	達·停	停·達	健·陰	安·立	立·安	財·緑	緑·財	再·種	緑·財	再·種	24
再·種	種·再	乱·減	減·乱	達·停	陰·健	健·陰	安·立	立·安	財·緑	立·安	財·緑	25
財·緑	緑·財	再·種	種·再	乱·減	停·達	達·停	陰·健	健·陰	安·立	健·陰	安·立	26
安·立	立·安	財·緑	緑·財	再·種	減·乱	乱·減	停·達	達·停	陰·健	達·停	陰·健	27
陰·健	健·陰	安·立	立·安	財·緑	種·再	再·種	減·乱	乱·減	停·達	乱·減	停·達	28
停·達	達·停	陰·健	健·陰	安·立	緑·財	財·緑	種·再	再·種	減·乱	再·種	減·乱	29
減·乱	乱·減	停·達	達·停	陰·健	立·安	安·立	緑·財	財·緑	種·再		種·再	30
種·再		減·乱		停·達	健·陰		立·安		緑·財		緑·財	31

霊合星「水星人」の運命カレンダー

2023年10月～2024年12月

●運命カレンダーの見方

水星人(＋)と(－)で、霊合星に当たる人の毎日の運気がわかります。■で示した部分は、注意が必要です。なお、運気の表示の左側がメインの運気、右側がサブの運気になっています。

2023年 水星人(＋)年運 緑・財

12月 停・達	11月 陰・健	10月 安・立	月/日 月運
健・陰	陰・健	立・安	1
達・停	停・達	健・陰	2
乱・滅	滅・乱	達・停	3
再・種	種・再	乱・滅	4
財・緑	緑・財	再・種	5
安・立	立・安	財・緑	6
陰・健	健・陰	安・立	7
停・達	達・停	陰・健	8
滅・乱	乱・滅	停・達	9
種・再	再・種	滅・乱	10
緑・財	財・緑	種・再	11
立・安	安・立	緑・財	12
健・陰	陰・健	立・安	13
達・停	停・達	健・陰	14
乱・滅	滅・乱	達・停	15
再・種	種・再	乱・滅	16
財・緑	緑・財	再・種	17
安・立	立・安	財・緑	18
陰・健	健・陰	安・立	19
停・達	達・停	陰・健	20
滅・乱	乱・滅	停・達	21
種・再	再・種	滅・乱	22
緑・財	財・緑	種・再	23
立・安	安・立	緑・財	24
健・陰	陰・健	立・安	25
達・停	停・達	健・陰	26
乱・滅	滅・乱	達・停	27
再・種	種・再	乱・滅	28
財・緑	緑・財	再・種	29
安・立	立・安	財・緑	30
陰・健		安・立	31

2023年 水星人(－)年運 種・再

12月 陰・健	11月 安・立	10月 財・緑	月/日 月運
立・安	安・立	緑・財	1
健・陰	陰・健	立・安	2
達・停	停・達	健・陰	3
乱・滅	滅・乱	達・停	4
再・種	種・再	乱・滅	5
財・緑	緑・財	再・種	6
安・立	立・安	財・緑	7
陰・健	健・陰	安・立	8
停・達	達・停	陰・健	9
滅・乱	乱・滅	停・達	10
種・再	再・種	滅・乱	11
緑・財	財・緑	種・再	12
立・安	安・立	緑・財	13
健・陰	陰・健	立・安	14
達・停	停・達	健・陰	15
乱・滅	滅・乱	達・停	16
再・種	種・再	乱・滅	17
財・緑	緑・財	再・種	18
安・立	立・安	財・緑	19
陰・健	健・陰	安・立	20
停・達	達・停	陰・健	21
滅・乱	乱・滅	停・達	22
種・再	再・種	滅・乱	23
緑・財	財・緑	種・再	24
立・安	安・立	緑・財	25
健・陰	陰・健	立・安	26
達・停	停・達	健・陰	27
乱・滅	滅・乱	達・停	28
再・種	種・再	乱・滅	29
財・緑	緑・財	再・種	30
安・立		財・緑	31

2024(令和6)年　水星人(＋)年運　立・安

12月 停・達	11月 陰・健	10月 安・立	9月 財・緑	8月 再・種	7月 乱・滅	6月 達・停	5月 健・陰	4月 立・安	3月 緑・財	2月 種・再	1月 滅・乱	月/日 月運
陰・健	健・陰	安・立	立・安	財・緑	種・再	再・種	滅・乱	乱・滅	停・達	乱・滅	停・達	1
停・達	達・停	陰・健	健・陰	安・立	緑・財	財・緑	種・再	再・種	滅・乱	再・種	滅・乱	2
滅・乱	乱・滅	停・達	達・停	陰・健	立・安	安・立	緑・財	財・緑	種・再	財・緑	種・再	3
種・再	再・種	滅・乱	乱・滅	停・達	健・陰	陰・健	立・安	安・立	緑・財	安・立	緑・財	4
緑・財	財・緑	種・再	再・種	滅・乱	達・停	停・達	健・陰	陰・健	立・安	陰・健	立・安	5
立・安	安・立	緑・財	財・緑	種・再	乱・滅	滅・乱	達・停	停・達	健・陰	停・達	健・陰	6
健・陰	陰・健	立・安	安・立	緑・財	再・種	種・再	乱・滅	滅・乱	達・停	滅・乱	達・停	7
達・停	停・達	健・陰	陰・健	立・安	財・緑	緑・財	再・種	種・再	乱・滅	種・再	乱・滅	8
乱・滅	滅・乱	達・停	停・達	健・陰	安・立	立・安	財・緑	緑・財	再・種	緑・財	再・種	9
再・種	種・再	乱・滅	滅・乱	達・停	陰・健	健・陰	安・立	立・安	財・緑	立・安	財・緑	10
財・緑	緑・財	再・種	種・再	乱・滅	停・達	達・停	陰・健	健・陰	安・立	健・陰	安・立	11
安・立	立・安	財・緑	緑・財	再・種	滅・乱	乱・滅	停・達	達・停	陰・健	達・停	陰・健	12
陰・健	健・陰	安・立	立・安	財・緑	種・再	再・種	滅・乱	乱・滅	停・達	乱・滅	停・達	13
停・達	達・停	陰・健	健・陰	安・立	緑・財	財・緑	種・再	再・種	滅・乱	再・種	滅・乱	14
滅・乱	乱・滅	停・達	達・停	陰・健	立・安	安・立	緑・財	財・緑	種・再	財・緑	種・再	15
種・再	再・種	滅・乱	乱・滅	停・達	健・陰	陰・健	立・安	安・立	緑・財	安・立	緑・財	16
緑・財	財・緑	種・再	再・種	滅・乱	達・停	停・達	健・陰	陰・健	立・安	陰・健	立・安	17
立・安	安・立	緑・財	財・緑	種・再	乱・滅	滅・乱	達・停	停・達	健・陰	停・達	健・陰	18
健・陰	陰・健	立・安	安・立	緑・財	再・種	種・再	乱・滅	滅・乱	達・停	滅・乱	達・停	19
達・停	停・達	健・陰	陰・健	立・安	財・緑	緑・財	再・種	種・再	乱・滅	種・再	乱・滅	20
乱・滅	滅・乱	達・停	停・達	健・陰	安・立	立・安	財・緑	緑・財	再・種	緑・財	再・種	21
再・種	種・再	乱・滅	滅・乱	達・停	陰・健	健・陰	安・立	立・安	財・緑	立・安	財・緑	22
財・緑	緑・財	再・種	種・再	乱・滅	停・達	達・停	陰・健	健・陰	安・立	健・陰	安・立	23
安・立	立・安	財・緑	緑・財	再・種	滅・乱	乱・滅	停・達	達・停	陰・健	達・停	陰・健	24
陰・健	健・陰	安・立	立・安	財・緑	種・再	再・種	滅・乱	乱・滅	停・達	乱・滅	停・達	25
停・達	達・停	陰・健	健・陰	安・立	緑・財	財・緑	種・再	再・種	滅・乱	再・種	滅・乱	26
滅・乱	乱・滅	停・達	達・停	陰・健	立・安	安・立	緑・財	財・緑	種・再	財・緑	種・再	27
種・再	再・種	滅・乱	乱・滅	停・達	健・陰	陰・健	立・安	安・立	緑・財	安・立	緑・財	28
緑・財	財・緑	種・再	再・種	滅・乱	達・停	停・達	健・陰	陰・健	立・安	陰・健	立・安	29
立・安	安・立	緑・財	財・緑	種・再	乱・滅	滅・乱	達・停	停・達	健・陰		健・陰	30
健・陰		立・安		緑・財	再・種		乱・滅		達・停		達・停	31

2024(令和6)年　水星人(－) 年運　緑・財

12月 陰・健	11月 安・立	10月 財・緑	9月 再・種	8月 乱・減	7月 達・停	6月 健・陰	5月 立・安	4月 緑・財	3月 種・再	2月 減・乱	1月 停・達	月/日 月運
安・立	立・安	財・緑	緑・財	再・種	減・乱	乱・減	停・達	達・停	陰・健	達・停	陰・健	1
陰・健	健・陰	安・立	立・安	財・緑	種・再	再・種	減・乱	乱・減	停・達	乱・減	停・達	2
停・達	達・停	陰・健	健・陰	安・立	緑・財	財・緑	種・再	再・種	減・乱	再・種	減・乱	3
減・乱	乱・減	停・達	達・停	陰・健	立・安	安・立	緑・財	財・緑	種・再	財・緑	種・再	4
種・再	再・種	減・乱	乱・減	停・達	健・陰	陰・健	立・安	安・立	緑・財	安・立	緑・財	5
緑・財	財・緑	種・再	再・種	減・乱	達・停	停・達	健・陰	陰・健	立・安	陰・健	立・安	6
立・安	安・立	緑・財	財・緑	種・再	乱・減	減・乱	達・停	停・達	健・陰	停・達	健・陰	7
健・陰	陰・健	立・安	安・立	緑・財	再・種	種・再	乱・減	減・乱	達・停	減・乱	達・停	8
達・停	停・達	健・陰	陰・健	立・安	財・緑	緑・財	再・種	種・再	乱・減	種・再	乱・減	9
乱・減	減・乱	達・停	停・達	健・陰	安・立	立・安	財・緑	緑・財	再・種	緑・財	再・種	10
再・種	種・再	乱・減	減・乱	達・停	陰・健	健・陰	安・立	立・安	財・緑	立・安	財・緑	11
財・緑	緑・財	再・種	種・再	乱・減	停・達	達・停	陰・健	健・陰	安・立	健・陰	安・立	12
安・立	立・安	財・緑	緑・財	再・種	減・乱	乱・減	停・達	達・停	陰・健	達・停	陰・健	13
陰・健	健・陰	安・立	立・安	財・緑	種・再	再・種	減・乱	乱・減	停・達	乱・減	停・達	14
停・達	達・停	陰・健	健・陰	安・立	緑・財	財・緑	種・再	再・種	減・乱	再・種	減・乱	15
減・乱	乱・減	停・達	達・停	陰・健	立・安	安・立	緑・財	財・緑	種・再	財・緑	種・再	16
種・再	再・種	減・乱	乱・減	停・達	健・陰	陰・健	立・安	安・立	緑・財	安・立	緑・財	17
緑・財	財・緑	種・再	再・種	減・乱	達・停	停・達	健・陰	陰・健	立・安	陰・健	立・安	18
立・安	安・立	緑・財	財・緑	種・再	乱・減	減・乱	達・停	停・達	健・陰	停・達	健・陰	19
健・陰	陰・健	立・安	安・立	緑・財	再・種	種・再	乱・減	減・乱	達・停	減・乱	達・停	20
達・停	停・達	健・陰	陰・健	立・安	財・緑	緑・財	再・種	種・再	乱・減	種・再	乱・減	21
乱・減	減・乱	達・停	停・達	健・陰	安・立	立・安	財・緑	緑・財	再・種	緑・財	再・種	22
再・種	種・再	乱・減	減・乱	達・停	陰・健	健・陰	安・立	立・安	財・緑	立・安	財・緑	23
財・緑	緑・財	再・種	種・再	乱・減	停・達	達・停	陰・健	健・陰	安・立	健・陰	安・立	24
安・立	立・安	財・緑	緑・財	再・種	減・乱	乱・減	停・達	達・停	陰・健	達・停	陰・健	25
陰・健	健・陰	安・立	立・安	財・緑	種・再	再・種	減・乱	乱・減	停・達	乱・減	停・達	26
停・達	達・停	陰・健	健・陰	安・立	緑・財	財・緑	種・再	再・種	減・乱	再・種	減・乱	27
減・乱	乱・減	停・達	達・停	陰・健	立・安	安・立	緑・財	財・緑	種・再	財・緑	種・再	28
種・再	再・種	減・乱	乱・減	停・達	健・陰	陰・健	立・安	安・立	緑・財	安・立	緑・財	29
緑・財	財・緑	種・再	再・種	減・乱	達・停	停・達	健・陰	陰・健	立・安		立・安	30
立・安		緑・財		種・再	乱・減		達・停		健・陰		健・陰	31

細木かおり（ほそきかおり）

1978年12月11日生まれ●一男二女の母であり、二人の孫を持つ。細木数子のマネージャー兼アシスタントを経て、六星占術の継承者に。母・数子の意志を継承し、さまざまな世代に六星占術をどのように活かせるかを伝えている。著書に『六星占術によるあなたの運命』『母・細木数子から受け継いだ幸福論　あなたが幸せになれない理由』『驚くほど人間関係が好転する!六星占術』『六星占術12運の周期リズムにのって超開運あなたの未来を示す羅針盤』、ほかに母・数子との共著で『六星占術による　あなたの宿命』がある。個人鑑定のお申し込み方法などは公式ホームページofficehosoki.comに掲載。各種お知らせは公式LINEアカウント「六星占術公式@hosokikaori」にて、日々の活動はインスタグラム「kaori_hosoki_official」にて、六星占術の活用方法などはYouTube「細木かおりチャンネル」にて配信。

構成・文　西村真紀
カバーデザイン　細山田デザイン事務所
写真　村山元一（細木かおり）
富田眞光（細木数子）
ヘアメイク　小池茜（MINX）

六星占術《ろくせいせんじゅつ》による 霊合星人《れいごうせいじん》の運命《うんめい》〈2024（令和《れいわ》6）年版《ねんばん》〉

2023年8月18日　第1刷発行

著者　細木《ほそき》かおり

発行者　鈴木章一
発行所　株式会社　講談社
〒112-8001　東京都文京区音羽2-12-21
編集　03-5395-3447
販売　03-5395-3606
業務　03-5395-3615

KODANSHA

印刷所　凸版印刷株式会社
製本所　株式会社国宝社

ISBN978-4-06-531134-9